認購權證

第二版

Call Warrants

神準精通

◎林清茂 著

書泉出版社 印行

第二版自序

認購權證由於**投資門檻低，槓桿效果大**。投資人只要支付少量權利金，就可參加交易，並有機會獲取未來股價上漲的高獲利報酬，不但對於資金部位較小的投資人，非常具有吸引力，而且越來越受廣大的投資大眾歡迎。

台灣證券交易所為了提升權證之流動性，自民國98年1月6日起，實施「權證之流動量提供者機制」。券商發行權證後，需要負起提供**報價**與**流動性**的責任，解決投資人買不到、賣不掉，無法獲得該有的報酬問題。不管是投資人還是發行券商，都認為年初新制上路之後，權證市場明顯活絡起來。根據證交所統計，98年上半年權證發行達2,434檔，較去年同期增加約10.24%，市場法人預估，98年台股權證發行總檔數，可望挑戰4,500檔，是自86年權證發行以來最多的一年。

隨著「權證市場」的快速發展，投資認購權證的相關知識與經驗，將是權證投資人最寶貴的資產。《**認購權證神準精通**》一書，詳細探討認購權證基本概念、買賣實務、履約結算與價值評估；並針對認購權證實戰策略與操盤方法，逐項剖析。無論是認購權證的**基本概念**（Concepts）、**應用原理**（Principles）及**操盤技巧**（Techniques），均作有系統的介紹。本書自出版以來，深獲讀者好評，並引起許多投資朋友的熱烈迴響，甚至競相介紹本書。際此初版售罄，增訂版即將刊行，除將書中內容，作若干修正外，茲將主要增修訂事項，臚列如下：

第一、增列「權證之流動量提供者機制」。

　　　　權證市場開放以來，由於流動性不足，有很長一段時間呈現半停滯狀態。不過自今年元月，台灣證交

所實施「**權證之流動量提供者機制**」以來，出現重大變化。本書增訂版第3章認購權證買賣實務，已將此一新制度列入，以供投資者參酌。

第二、將原第4章「認購權證價值評估」重新改寫，增加內容，擴充為兩章。

認購權證價值評估，為「認購權證」這項金融商品的理論基礎。投資人必須對認購權證的**內含價值**與**時間價值**，有充分的瞭解，並明白影響認購權證價值的因素。同時，投資人應有以權證的**內含價值、溢價比率、Delta值、槓桿倍數**及**波動率**等五項權證參數，來評估權證價值的能力，才能判斷某一檔權證是否具有投資價值。

在增訂版中，將原第4章認購權證價值評估，重新改寫，增加內容，擴充為「認購權證價值的影響因素」與「認購權證價值評估」兩章。

第三、修訂認購權證的篩選準則，提供完整的權證篩選方法。

權證的發行速度，遠比股票上市來得快，且發行時間短，產品設計又多樣化。據法人預估，98年全年發行總檔數，可望挑戰4,500檔。投資人所面臨的問題是，如何在如此眾多的權證當中，按照各項不同「發行條件」選擇價格合理，而又具有上漲潛力的權證。本書增訂版第7章第2節，修訂**認購權證的篩選準則**，提供完整的權證篩選方法。

第四、加重權證操盤方法的內容。

買賣權證獲利，必須熟悉交易規則，掌握進場時機，並運用適當的操盤方法。操盤的第一要務是「**知法**」。知法是熟悉各種「技術分析」戰法。其次是「**守法**」。守法是完全遵守「技術分析」戰法操作，嚴格執行「買賣訊號」，絕不追高殺低。

本書增訂版，為配合不同程度投資人的需要，加重操盤方法的內容。在「**初階操盤法**」中，先探討認購權證的交易規則、進場時機、停損與停利等課題，然後詳細闡述一切技術分析之入門戰法：「K線出頭落尾戰法」。這一個戰法能夠既安全又穩當的掌握行情啟動的第一時間，採取正確的行動。在「**進階操盤法**」中，針對認購權證的產品特性，設計快慢速均線交叉操盤法、均價均量變盤點操盤法、KD指標轉折點操盤法、MACD指標轉折點操盤法、頭肩底作多操盤法等五種適用的操盤法。投資人若能細心體會，融會貫通，則將獲益不淺。

本書之增訂，無論是文字修正或圖表製作，均由李筱珮小姐協助製作完成。在印刷及版面的設計，承蒙五南圖書公司副總編輯張毓芬小姐、編輯吳靜芳小姐及其編輯群的協助，一併在此致謝。

林清茂
2009年8月於台北

丁　序

　　政府近幾年來積極推動金融自由化暨國際化政策，證券市場係其中重要的一環，為利企業籌資大型化暨吸引外資湧入國內市場，促進資本市場迅速發展，以奠定國家經濟磐石。

　　1997年6月，我國第一檔衍生性金融商品認購權證誕生以來，迄今已達九年，隨著資本市場的日趨開放，認購權證的發展極為快速。惟坊間鮮有認購權證專論書籍，可供投資人研究參考，更遑論有深入操作的實務驗證。僅有投資股票、期貨、選擇權兼論一小章節權證而已。最近有機會聆聽林教授講授七個單元權證課程，並邀請蒞臨國立台北大學經濟學系證研社作專題演講，深感本書《認購權證神準精通》堪稱國內第一本大作，可供投資人學習運作。

　　林教授清茂先生擁有經濟學士暨企管碩士學位，鑽研股票投資技術分析三十多年，將其理論與實務寶貴經驗，彙整發行兩本大作《操盤K線：原理與應用》暨《擺盪指標精論》，對投資人深入瞭解技術分析，掌握股票轉折時點，作出最佳決策，頗值參鑑。本公司曾邀請林教授蒞臨講授七個單元高階操盤術，對營業員暨自營部同仁助益匪淺。

　　柯爾頓有句名言：「最高溫的火爐才能鍊出最純的黃金，最狂暴的風雨才有最明亮的閃電。」投資人要在股海衝浪淘金，致勝的關鍵在於要有即時的資訊、思維和決策三要訣。尤其投資認購權證前應先熟諳技術分析，雖投資權證可以「以小搏大」，但權證的風險控管不可不慎。現行投資股票的漲跌幅是7%，而權證的漲跌幅是標的股票的好幾倍，所以投資人宜用

心選擇業績、前景亮麗的權證標的股票，並注意權證時間價值
衰減的特性，方是獲利致勝之道。

丁桐源

福邦證券公司　董事長

國立台北大學經濟學系系友會理事長

前萬通商業銀行　常務董事兼總經理

2007年2月　於台北

自 序

　　我國資本市場，隨著政策法令的開放，期貨（Futures）、選擇權（Options）、權證（Warrants）、股票指數型基金（ETFs）、可轉債（Convertible Bonds）、存託憑證（Depository Receipts）及結構型商品（Structured Products）等創新的「衍生性金融商品」（Derivative Financial Products），陸續出現，將資本市場的發展，提升到多元產品的專業化及國際化的境界，不論是對投資人或證券業者，均有相當正面的貢獻，同時也宣告我國資本市場已邁入金融創新與知識理財的時代。

　　權證是由股票衍生而來的有價證券。我國權證市場於民國86年6月開放，惟當時只開放發行「認購權證」（Call Warrants）。在權證發行初期，由於股市正處於多頭市場，認購權證市場蓬勃發展，成為台灣新興起的金融商品。

　　民國92年1月2日起，台灣證券交易所開放券商「認售權證」（Put Warrants）的申請，並放寬「存續期間」與「行使比例」之規定，為投資人提供完整的權證操作工具；92年3月，櫃檯買賣中心開始接受上櫃權證申請發行與掛牌交易。由於權證的發行速度，遠比股票上市來得快，且發行時間短，產品設計又多樣化，券商看好這個市場利基，乃群起搶攻市場佔有率，使得92年權證發行倍增，發行檔數高達321檔，發行金額突破300億元，較民國91年成長超過1.5倍，其成長極為快速。

　　民國95年因券商停發權證四個月，市場雖然一度萎縮，但由於權證市場潛力無窮，95年6月復發權證後，券商為了滿足投資人的需求，推出各式各樣設計條件不同的權證，如重設型權證、上限型權證等，使權證市場的產品，更趨多元化。迄95

年12月底為止，認購權證發行的檔數，已超過700檔。自民國86年6月至95年12月，國內權證市場的發展極為快速，且法規制度日趨健全，本書涉及權證實務操作部分，均參照最新修訂的法規，俾便於投資人之妥適運用，以濟事功。

認購權證由於其持有成本較低，具有以小搏大的高槓桿投資效果，對於資金部位較小的投資人，最具有吸引力，因此在國內證券市場中所扮演的角色，越來越重要。以這幾年快速發展的情況來看，未來可望成為國內投資人重要的理財工具。

面對認購權證市場的快速發展，如何善用這項創新的金融商品，以提高理財績效，將是投資人在投資理財上，不可忽視的課題。可是，多年以來，廣大的投資大眾，仍然以投資股票的方法，買賣權證，或由於對此項商品的瞭解尚處在懵懵懂懂的摸索階段；或囿於對風險的認識不清，在投資認購權證的過程中，跌跌撞撞，走了許多冤枉道路，甚至遍體鱗傷。芸芸投資群眾中，賺取相當利潤者，固然有之；但是在高檔進場，認賠而黯然退場者，更是屢見不鮮。可知權證交易資訊之透明化與權證投資知識與投資經驗之傳播，尚有待增強。

認購權證不論在概念或操作上，都比一般股票複雜。投資認購權證，必須瞭解認購權證的特性，牢記時間價值衰減的觀念，並留心認購權證的投資風險，才能從認購權證身上為自己創造財富。坊間可供投資人參酌的權證書籍，僅少數幾冊，且較多為民國86年至92年的著作，當時權證市場正處於發展階段，對於基本概念的介紹及交易實務的探討，都有貢獻；惟對基本原理作較深入的探究，並就實戰策略與操盤方法，作有系

統之研析者，尚付闕如。本書專為對於認購權證有興趣，且極欲進入權證殿堂的投資人而寫。全書共有六章，包括認購權證「基本概念」的介紹；認購權證「買賣實務」與「履約結算」等投資實務的說明；接著就認購權證「價值評估」這一個主題，作深入的探討；然後針對認購權證「實戰策略」與「操盤方法」，逐項剖析。為有心一窺認購權證堂奧的投資人，無論是初學的朋友或資深的投資人，開啟一扇知識理財的窗口，進而對國內權證市場的發展，盡一份心力。

　　本書係由授課講義經多次增修而成，因此，能兼顧認購權證的基本概念、應用原理及操盤技巧。除了淺顯易懂的文字敘述之外，還配合生動活潑的實例及清晰易懂的圖形，內容豐富，結構嚴謹。希望本書出版後，有越來越多的投資朋友，加入權證的投資行列，享受認購權證以小搏大的槓桿效果。至於書中若有謬誤或遺漏之處，敬祈讀者不吝指正。

林清茂
宏茂管理顧問有限公司總經理
2007年2月於台北

謝　辭

　　面對國內資本市場的擴大與國際化，近幾年來，許多創新的「衍生性金融商品」陸續出現。作者投入股票市場，鑽研股票技術分析數十年。民國86年，初次接觸「認購權證」，發現投資人只需一筆小額的資金，就可以參與這項金融商品的交易，具有「以小搏大」的特性；當大多頭行情來臨時，其報酬率常常是股票投資的好幾倍，具有較高的「槓桿效果」，乃吸引作者注意，一方面潛心閱讀坊間各類權證著作，並從網路中，搜尋相關資訊，編寫講義；另一方面，藉助「紅螞蟻」資訊軟體之助，從事實際操盤工作，增進豐富的操盤經驗，經過多年的努力，《認購權證神準精通》一書的初稿，終於完成。

　　本書之所以能夠出版，首先必須感謝黃伯驥先生、陳雲浩先生、楊年瑞先生及紀德典先生。他們不但參與書中基本觀念的討論，並提供許多寶貴的操盤經驗，使本書的內容更加豐富，結構更為嚴謹。

　　本書初稿完成之後，復經多次增修，承蒙賴民雄先生細心協助校對文稿，逐章討論內容，逐一審閱圖表，方能使書中錯誤減至最低，特在此致謝。

　　本書全部手稿及圖表，先後由劉懿玲小姐、高欣愷先生、李文源先生及蔡家旺先生協助製作完成，特在此一併致謝。

　　本書原稿承蒙福邦證券公司董事長丁桐源先生審閱，多所指正。丁董事長曾擔任萬通商業銀行常務董事兼總經理，無論在銀行或證券業務，均有精湛的造詣，是一位學養豐富而又為人謙和的專家。書成後並賜作序言，多所勖勉，特以誌之，以申謝忱。

在印刷及版面的設計方面，特別感謝五南圖書出版公司董事長楊榮川先生、副總編輯張毓芬小姐及責任編輯朱春玫小姐，由於五南專家群的協助，使本書得以順利出版，特藉此再申謝忱。

在本書撰寫及修訂期間，內人李玉琴女士一肩承擔家務，耐心照顧年老慈母，使余得以專心從事權證之研究及寫作，特以誌之，以示感銘。

目次

第 **1** 章

認購權證基本概念

　　國內資本市場的發展，在近幾年市場微利化及投資風險大增下，許多投資人因傳統投資工具無法提供長期合理報酬，及有效控制風險，因而轉向近年開放的新興金融商品。重視交易策略靈活性及短期操作績效的投資者，轉向以權證及選擇權等，高財務槓桿及可多空操作的商品市場。這些投資行為的改變，宣告了國內資本市場已邁入金融創新、知識理財的年代。因此，如何善用這些創新的「衍生性金融商品」（Derivative Financial Products），以提高理財績效，將是未來投資人在投資理財上，不可忽視的重要課題。

　　我國認購權證市場的發展，始於民國86年。台灣證券交易所自民國86年6月起，開始接受發行人申請發行「認購權證」（Call Warrants）。權證發行初期，由於股市正處於多頭市場，認購權證市場蓬勃發展，成為台灣新興起的金融商品。

　　民國92年1月2日起，開放「認售權證」（Put Warrants），並放寬「行使比例」之規定。民國92年3月，櫃檯買賣中心，開始接受上櫃權證申請發行與掛牌交易。由於權證的發行速度，遠比股票上市來得快，且發行時間短，產品設計又多樣化，券商看好這個市場利基，乃群起搶攻市場佔有率，使得92年權證發行倍增，發行檔數高達321檔，較民國91年成長超過1.5倍，成長極快速。

　　民國95年，券商為了發行權證，因避險而買賣權證標的股票的損失，以及權證的交易損失，是否列為費用抵稅的問題，產生爭議，因而停發權證數月，市場一度萎縮。95年6月復發權證後，券商為了滿足投資人的需求，推出各式各樣設計條件不

同的權證，使權證市場的產品更趨多元化，權證發行總數高達833檔。

　　民國96年6月15日，立法院順利通過所得稅法修正案，券商發行權證避險操作的損失，以及權證的交易損失，都可合併計算，列為費用抵稅，且可回溯至96年1月1日實施。券商受到權證稅法修正的激勵，引發權證的搶發熱潮，迄96年年底，權證發行總數達2,787檔，較95年的833檔，共增加1,954檔，台灣權證市場進入快速成長階段。

　　為了提升權證之流動性，台灣證券交易所自民國98年1月6日起，實施「權證之流動量提供者機制」。由流動量提供者，提供應買及應賣之報價，解決目前投資人想買買不到，想賣賣不掉等流動性不足之現象，使投資買賣更有效率，進而增加交易量，並活絡權證市場。此項新制，使權證交易進出容易，預期認購權證將成為投資人智識理財的重要金融商品。

　　認購權證是典型的衍生性金融商品。發行的券商，可以服務客戶增加收入；政府可以有可觀的稅收；投資大眾可以有「以小搏大」參與投資，追求財富的理財工具，未來的發展遠景相當樂觀。

　　本章將就認購權證的基本概念，包括：權證的意義、權證名稱與權證代碼、認購權證的類型、認購權證的內容、認購權證的特性及認購權證的投資風險，逐項加以探討。

1.1
權證的意義

　　權證（Warrants）是一種權利契約，持有人有權利在未來的一段時間內或特定到期日，以事先約定的價格，購買或出售一定數量的股票。權證依其「權利內容」分類，可分為「認購權證」（Call Warrants）與「認售權證」（Put Warrants）兩種。

■ 1.1-1　認購權證

　　認購權證（Call Warrants），依照其字面的意義，就是「買進股票權利的憑證」，係由綜合券商針對單一上市股票、一組上市股票、或加權指數為標的，所發行的有價證券。

　　投資認購權證，就是購買「作多」的權證。投資者看好標的股票的未來前景，預期未來該「標的股票價格」會上揚，而且會高於當初購買權證時的「履約價格」。投資人只要付出一筆權利金，即可取得權證，有權利（但無義務）在合約有效期間（美式）或到期日（歐式），依照「履約價格」，向發行人購買「約定數量」之「標的股票」，或以現金結算方式收取差價。

【案例一】

　　認購權證的觀念，其實早就存在於我們的日常生活中。例如，陳友達向房屋公司預訂一棟房子，雙方約定成交金額為800萬元，訂金為10萬元，約定在1年之內，以800萬元購買這棟房子。

　　陳友達付了10萬元訂金，與房屋公司簽署一張認購契約，約好1年之內，保留一個權利，此權利使陳友達可以延長做決定的時間，在此期間內，陳友達可決定是否以當初約定的價格800萬元去購買房子，過期無效。

　　假設1年內，房價飆漲到900萬元，陳友達當然會立即繳足餘款，買下房子，享受增值。假設1年內，房價下跌至700萬元，陳友達可以放棄訂金10萬元，而以700萬元的代價，另外買一棟房子。當我們把「買進房子的權利」，換成「買進股票的權利」，這就是「認購權證」。

　　案例一是認購權證最基本的形式。對陳友達而言，由於簽訂這個契約，他可以延長籌款的時間。如果房價大漲，他可以依照當初約定，去履行這個契約，付出800萬元，買下這棟房子。由於陳友達先前已經付出10萬元的訂金，執行這個契約後，總計付了810萬元，由於這棟房子市價已上漲為900萬元，陳友達等於淨賺90萬元。如果房價下跌，他可以選擇放棄執行這個契約，此時他的損失，就是當初為這個契約所付出的10萬

元訂金。

【案例二】

　　林奇美以每單位3元，向群益證券公司買了一個權利，擁有在6個月之內的任何一天，以每股35元的價格，買入一張聯電股票的權利。這樣，林奇美就是買了一張聯電的「認購權證」。

　　林奇美所購買的這張認購權證，群益證券公司是「發行人」；約定的期間6個月，稱為權證的「存續期間」；約定的價格35元，稱為權證的「履約價格」；約定的證券是聯電股票，稱為「標的股票」；每張認購權證可以買一張股票，其「行使比例」是1：1；而3元就是這張權證的價格，稱為「權利金」。

　　如果在6個月之內，聯電股價上漲超過35元，那麼林奇美就有權利以35元向群益證券公司買到一張聯電的股票；如果在6個月中，聯電股價一直低於35元，林奇美並沒有義務以35元買進聯電的股票。

　　由上例可知，認購權證是由綜合券商所發行的有價證券，買入認購權證的人，有權利在「約定期間」，依照「約定價格」，向發行人買進「約定數量」的「標的股票」。

　　就案例二加以分析。林奇美以每單位3元的代價，向群益證

券購買一張聯電的「認購權證」，雙方約定在6個月之內，林奇美都可以每股35元的價格，向群益證券公司購買一張聯電股票。

於是，我們可以推論，若聯電股價上漲到38元以上（35元＋3元＝38元），林奇美即有利可圖；反之，若聯電股價在38元以下，林奇美將產生虧損，但是無論股價下跌得多慘，頂多損失3元。林奇美認購權證的盈虧，如圖1-1所示。

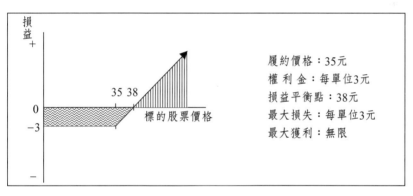

履約價格：35元
權 利 金：每單位3元
損益平衡點：38元
最大損失：每單位3元
最大獲利：無限

圖1-1　林奇美認購權證的損益圖形

更重要的一個觀念是，認購權證本身就是一種「有價證券」，當群益證券公司發行上述的聯電認購權證之後，並不只賣給林奇美，還賣給市場上其他投資人，然後再將這個權證，以每單位3元的價格，在集中市場**掛牌上市**。換言之，林奇美不一定要向群益證券公司請求履約，以獲利了結；他同時可以在聯電權證市價上漲的時候，將權利賣掉，獲利出場，這就是認購權證的次級交易市場。

■ 1.1-2　認售權證

認售權證（Put Warrants），依照其字面的意義，就是「賣出股票權利的憑證」，係由綜合券商針對單一上市股票、一組上市股票、或加權指數為標的，所發行的有價證券。

投資認售權證，就是購買「作空」的權證。投資者看空標的股票的未來前景，預期未來該「標的股票價格」會下跌，而且會低於當初購買權證時的「履約價格」。投資人只要付出一筆權利金，即可取得權證，有權利（但無義務）在合約有效期間（美式）或到期日（歐式），依照「履約價格」，向發行人賣出「約定數量」之「標的股票」，或以現金方式收取差價。

民國86年6月，認購權證市場開放以來，由於發行「認售權證」相關的配套措施，尚未完成，且因法令規定證券公司不能放空股票等因素，使證券公司作業上無法發行認售權證。

民國92年1月2日起，台灣證券交易所開放券商「認售權證」發行之申請，並放寬「存續期間」與「行使比例」之規定，為投資人提供完整操作工具。認購權證與認售權證之基本交易方式，詳見表1-1。

表1-1　認購權證與認售權證之基本交易方式		
項目 ＼ 權證	認購權證（看多）	認售權證（看空）
買方（投資人）	買進認購權證，擁有買進標的股票的權利	買進認售權證，擁有賣出標的股票的權利
賣方（發行人）	賣出認購權證，擁有賣出標的股票的義務	賣出認售權證，擁有買進標的股票的義務

1.2
權證名稱與權證代碼

■ 1.2-1　權證名稱

　　權證的名稱，無論是認購權證或認售權證，都是以**發行券商**的二字簡稱，再加上01、02等兩位數字組成。如日盛21、寶來18。

　　在各家券商不斷發行之後，有些券商的兩位數字已不敷使用，只好加上英文字，如「元大99」之後，接著的是「元大A1」等。

■ 1.2-2　認購權證代碼

　　認購權證代碼，乃是認購權證在證券交易所交易的編號。

依證券交易所的規定，認購權證的代碼編號有五碼，分為兩種。

一、個股型認購權證代碼

　　認購權證代碼，原由四位阿拉伯數字組成，後來改為五位阿拉伯數字。個股型認購權證代碼，由05001開始，前兩碼05代表「個股型認購權證」；後三碼依上市的順序，給予編號。隨著權證市場逐漸發展，個股型認購權證代碼與名稱也不斷累積，分別由03、04、05、06、07等開頭。代碼用完之後，又重新由03001開始循環。

二、組合型認購權證代碼

　　組合型認購權證代碼，由08001開始，前兩碼08代表「組合型認購權證」；後三碼依上市的順序，給予編號。

■ 1.2-3　認售權證代碼

　　權證的發行，除了「檔數」增加外，權證的「種類」也不斷增加。在民國86年，權證市場一開始時，所有的權證，都是「認購權證」，所有的標的股票，都是「上市股票」。在92年開始有了「認售權證」，同年也出現以「上櫃股票」為標的之權證。

　　權證代碼後面加個P，如04234P，代表「認售權證」，P是Put（賣權）的簡寫，例如04234P的「元大JK」，是以宏達電

（2498）為標的之認售權證。

一、個股型上市認售權證

03×××P、04×××P、05×××P、06×××P、07××
×P。

二、組合型上市認售權證

08×××P。

■ 1.2-4　上櫃股票權證名稱與權證代碼

以「上櫃股票」為標的股票的權證代碼，由70001開始，權
證名稱是在券商兩字簡稱之後，加一個P，例如代碼為71552的
「工銀PE」，標的股票是上櫃的中美晶（5483）。

1.3
認購權證的類型

■ 1.3-1　美式與歐式認購權證

依據「契約權利的執行時點」來區分，可以區分為美式認
購權證與歐式認購權證。

所謂「契約權利的執行時點」是指，認購權證持有人，依

照履約價格（執行價格）要求履約買進標的股票的時間點。

一、美式認購權證

美式認購權證（American-Style Warrant），其持有人可在權證到期日屆滿之前的任一交易日，向發行券商要求按照履約價格，執行買進**標的股票**的權利。

二、歐式認購權證

歐式認購權證（European-Style Warrant），其持有人只能在權證到期日當天，才能要求執行買進**標的股票**的權利。

■ 1.3-2　個股型、組合型與指數型認購權證

依據「標的股票」的內容來區分，可以區分為個股型認購權證、組合型認購權證與指數型認購權證。

一、個股型認購權證

以單一**個股**為權利標的，所發行的認購權證，稱為「個股型認購權證」（Single Stock Warrant）。在台灣的認購權證市場中，以個股型認購權證佔絕大部分。由於權證價格與標的股票價格的連動性高，只要看一檔標的股票的漲跌，就可以判斷認購權證的走勢。這種權證具有避險簡單、價格反應靈敏等好處，通常有較強的爆發力。

二、組合型認購權證

以**數支股票組合**為權利標的，所發行的認購權證，稱為「組合型認購權證」（Basket Warrants）。組合型認購權證之標的股票，為兩種以上個股的組合。通常都會有一個「中心概念」，針對某個投資主題，來選擇個股組成。認購權證發行公司，通常會選擇相同產業的股票成為一群，如鋼鐵股、金融股或電子股等，組合成為組合型認購權證。在台灣的認購權證市場中，組合型的認購權證較少。

三、指數型認購權證

以數十支或數百支股票組成的**大盤股價指數**或**類股股價指數**為權利標的，所發行的認購權證，稱為「指數型認購權證」（Index Warrants）。目前除原有以「台灣證券交易所台灣50指數」（簡稱台灣50指數）為標的之指數型認購權證，如08002（寶來A5）、08004（元京AD）、08006（寶來B4）。98年5月1日起，證交所推出「金融保險指數型權證」，如08155（元大DT）；「電子類指數型權證」，如08170（富邦NG）；「加權指數指數型權證」，如08121（寶來AC）。

■ 1.3-3　價內、價平與價外認購權證

認購權證是以「固定價格」（履約價格）認購股票的權利。當「標的股票價格」改變時，認購權證所表現出來的價值

特性，也不太相同。

　　以「標的股票價格和履約價格之間的相對關係」，來描述認購權證價格的狀態，可以分為價內、價平及價外三種。認購權證可能在某一時點屬於價外狀態；經一段時間的股價上漲，在另一時點屬於價平或價內狀態。

一、價內認購權證

　　履約價格低，標的股票價格大於履約價格的權證，稱為「價內認購權證」。

　　當標的股票價格大於履約價格越多，認購權證越屬於價內狀態。這時標的股票價格上漲1元時，認購權證價格的上漲，將接近1元，因此，認購權證的價格走勢和標的股票價格越來越接近。標的股票價格和認購權證價格變化差異不大，投資的風險和獲利也大致相同。

二、價平認購權證

　　履約價格適中，標的股票價格等於履約價格的權證，稱為「價平認購權證」。

　　在價平的情況下，認購權證不具有「內含價值」，投資人願意買進認購權證，主要是預期未來標的股票價格會上漲，使得認購權證能夠進入具有內含價值的價內區。所以，買進價平認購權證是比較具有進取性的投資人，其總成本是他所付出的權利金。

三、價外認購權證

　　履約價格高，標的股票價格小於履約價格的權證，稱為「價外認購權證」。

　　當標的股票價格小於履約價格越多，認購權證越屬於價外狀態。這時標的股票價格上漲1元時，認購權證的價格變動，遠小於1元，權證價格受標的股票價格影響的程度很小。可是當標的股票價格經過大幅度的上漲之後，認購權證價格的增長速度，比標的股票價格為快，帶給投資人極大的獲利空間。

　　認購權證「標的股票價格」與「履約價格」的關係，詳見表1-2。投資人若對於標的股票股價上漲的預期，很有信心，則可選擇「價外認購權證」，以增加在標的股票股價上漲時的獲利空間；投資人若預期股價會漲，又擔心與實際情況有所出入，則應選擇「價內認購權證」，賺取認購權證價格上漲的空間，亦減少標的股票價格下跌時造成的損失。

表1-2　認購權證標的股票價格與履約價格的關係

認購權證的狀態	標的股票價格與履約價格的關係	所代表的意義與對投資人的影響	
		超過履約價格機率	獲利爆發力
價內認購權證	標的股票價格 > 履約價格	高	低
價平認購權證	標的股票價格 = 履約價格	中	中
價外認購權證	標的股票價格 < 履約價格	低	高

■ 1.3-4　標準型、重設型與上限型認購權證

　　認購權證從形式來分，可分為標準型認購權證、重設型認購權證與上限型認購權證。這三類認購權證，皆有不同的特性，投資人在決定投資之前，允宜分辨不同類型認購權證的用途與限制，衡量風險的高低與潛在的獲利能力，俾自己的權利可獲得較佳的保障。

一、標準型認購權證

　　沒有任何附加條件的認購權證，稱為「標準型認購權證」；又稱「一般型認購權證」。

　　標準型認購權證是台灣權證市場中最常見的類型。設定的條款，大多簡單且容易理解，所有的條件，在發行時都已經在契約內明文規定。除了遇到標的股票除權除息時，履約價格會往下調低，行使比例會往上調高外，其他情況都不會變動，也是一般投資人最容易入門的權證類型。

二、重設型認購權證

　　在發行一段時間內，可以重新設定其**履約價格**的認購權證，稱為「重設型認購權證」（Reset Warrant）。

　　重設型認購權證，放寬了「履約價格」固定的條件。證券公司為了保障投資人的風險，以避免標的股票價格大幅下跌，造成購買認購權證的損失，在認購權證**發行條款**中規定履約價格調整的條件和規則。履約價格可隨標的股票價格下跌而往下

重新訂定；若是標的股票價格上漲，則維持原價不向上調整。

　　當標的股票價格下跌，觸及重設價格時，權證之履約價格可自動向下重設，認購權證的價格，不會受標的股票價格劇烈下跌而遭受損失，投資人可以受到「重設條款」的保護。相對的，投資人所受的保護越高，此類型的認購權證價格也越高。在重設期過後，重設型權證即與一般型權證無異。

　　例如，某重設型認購權證，有向下重設的條款，在發行時，標的股票價格與履約價格均為60元，條款規定當標的股票價格下跌到發行價格的80%時，履約價格重設一次，重新調整成原來履約價格的80%。

　　這一檔重設型認購權證，發行時標的股票價格為60元，發行後標的股票價格跌落至48元，觸發履約價格重設生效，履約價格改成48元（60元×80% = 48元）。由於條款規定履約價格只重設一次，即使後來標的股票價格持續下跌，履約價格也不再改變。若後來標的股票價格上漲至48元，此認購權證即成為價平狀態，比沒有重設條款的權證，更早開始有認購股票的價值存在（見圖1-2）。

　　重設型認購權證，對投資人最有利的情況是，剛發生履約價格向下重設後，股價旋即向上攀高，認購權證的價值將大幅增加。

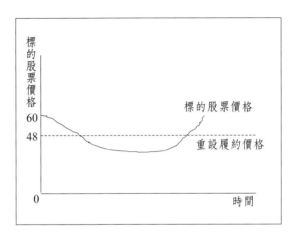

圖1-2　重設型認購權證履約價格

三、上限型認購權證

標準型認購權證，增加一個**上限價格**的條款，就形成「上限型認購權證」（Caps Warrant）。認購權證訂有上限價格，在契約有效期間中的任何一天，一旦標的股票收盤價高於或等於事先約定之「上限價格」時，權證即**視為到期**，契約即自動終止，證券公司自動以當日標的股票價格，結算投資人的損益，並將計算後之金額，退還給投資人，投資人不用另外提出履約申請。上限型認購權證的一般上限履約價格是標的股票價格的150%～200%。

這種認購權證向上獲利的機會受到限制，在到期前，如果標的股票價格超過上限價格時，認購權證即提前結束，**存續期間**可能較其他認購權證短，犧牲了投資人標的股票上漲超過上

限價格的獲利，因此，上限型**權證價格**較標準型權證便宜。當投資人預期標的股票價格微幅上漲，不至於超過上限價格太多，可以考慮購買這種類型的認購權證。一方面因付出的權利金較少，可享受價格較低的好處，具有較高的槓桿倍數，更有利於投機操作，又可獲得股價上漲的利潤。

　　例如，某上限型認購權證，在發行時的**標的股票**價格與履約價格均為50元，其「上限價格」條款，約定上限價格為發行時標的股票價格的130%，因此，上限價格為：50元×130% = 65元，也就是說，根據發行條款，標的股票價格一旦觸及上限價格，認購權證就自動終止（見圖1-3）。

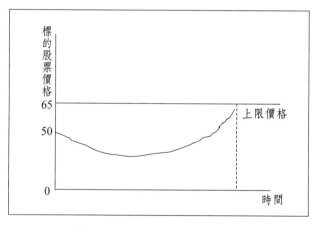

圖1-3　上限型認購權證上限價格

1.4
認購權證的內容

　　認購權證和股票極為相似，同樣也是載明權利和義務的有價證券。一張認購權證，除了列示認購權證的基本發行條件之外，還包括履約、到期日等完整條款。所有這些契約條件，都記載在公開說明書中，其內容如下。

一、發行公司

　　發行公司（Issuer）係發行本認購權證的**證券公司**；又稱為「發行人」。依據交易所規定，發行人在募集認購權證時，應提出**公開說明書**，以供投資人在買賣前可先行參考。

二、發行日期

　　發行日期為證券公司在**集中市場**推出此認購權證，並接受投資人申購的起始日。從這一天起，可以開始向投資大眾**承銷**此認購權證。

三、存續期間

　　權證於集中市場掛牌，開始交易的日期，稱為「上市日」。認購權證自上市買賣日（含）起算，至到期日為止的時間，稱為「存續期間」（Expiration Time）；又稱為「執行期間」。存續期間代表認購權證的壽命長短，為投資人可以執行

購買標的股票權利的有效期間。

　　認購權證在公開說明書上都會註明「發行日」及「到期日」。到期日如為非營業日，則順延至下一營業日。權證持有人履行買賣「標的股票」之權利，稱為「履約」。在存續期間內，認購權證持有人，可以隨時申請履約者，稱為「美式認購權證」；若僅有在到期當天方可申請履約者，稱為「歐式認購權證」。

　　民國86年6月，認購權證市場開放時，認購權證之存續期間，訂為1年以上，2年以下。92年1月調整為權證自申請上市掛牌至終止上市之期間，可為6個月至2年不等。投資人必須特別注意所持有權證之存續期間，以免喪失履約之權利。

　　認購權證是一種具有時間限制的有價證券，它只有在合約規定的時間內，具有法律效力。一旦權證到期時，合約即失效，持有人不得再向發行人請求行使權利。

四、標的證券

　　標的證券（Underlying Securities）為持有本認購權證之投資人，可以向發行人執行購買的股票；又稱為「標的股票」。

　　認購權證之「標的物」，可以是任何金融商品，譬如普通股、期貨、利率等。目前在台灣證券交易所上市的認購權證，限定標的物為**股票**。因此，認購權證可視為「認購股票的權利憑證」。標的股票價格的波動，將對權證的價格造成立即影響。因此，權證有如標的股票的影子。

五、認購權證種類

認購權證依「契約權利的執行時點」來區分，可以區分為「歐式認購權證」和「美式認購權證」兩種。

美式認購權證因隨時可以請求履約，比歐式認購權證具有較多的優勢，因此，美式認購權證的價格相對會比較高。

六、發行單位總數

發行單位總數（Issuer Size），為本認購權證可以**在市面上流通**的單位數目，如貳仟萬個單位。從發行單位總數，可以看出未來流通籌碼有多少。

七、發行金額

每單位**發行價格**乘以**發行單位總數**，就是「發行金額」。

八、每單位發行價格

發行人自行銷售所發行認購權證之單位價格，稱為每單位「發行價格」（Issuing Price）。

認購權證發行券商，考量發行成本和獲利率後，根據權證評價理論計算出來的發行訂價，即為「發行價格」。每單位發行價格，可以用**絕對金額**和**百分比**兩種方式表達。

1.絕對金額

直接以每單位認購權證多少元表示者，稱為「權利金」。例如1.639元。

一般來說，權證「發行價格」，大約在標的股票價格的
1%～15%之間，而以7%～10%最常見。

2.百分比

間接以發行日前一營業日**標的股票收盤價**之百分比表示
者，稱為「權利金比率」。例如2.27%（群益54）。

$$權利金比率 = \frac{權利金／行使比例}{標的股票收盤價} \times 100$$

對「賣方」而言，發行價格是發行券商提供權證（承擔標
的股票上漲風險）的**報價**。對「買方」來說，發行價格是投資
人購買一個單位權證時，必須支付給發行人的金額；代表持有
人付給發行人一筆**代價**，以換取認購權證合約所表彰的所有權
利，又稱為「權利金」（Premium）。投資人若在初級市場向發
行人申購權證，則「發行價格」就是權利金；投資人若在集中
市場買賣權證，則權利金是指權證的市場價格，此市場價格便
是「權證價格」（Warrant Price）。

九、每單位履約價格

持有本認購權證的投資人，在**履約**（**執行權利**）時，每
認購一股**標的股票**，所必須付出的金額，稱為「履約價格」
（Strike Price）；又稱「執行價格」（Exercise Price）。

認購權證的履約價格，在發行時，都已經訂定在**發行條款**
內，除非標的股票發生除權、除息等情形時，履約價格才會隨

之變動。

　　發行認購權證的券商，通常根據申請發行前一天標的股票之收盤價，設定其履約價格，如履約價格為發行日前一營業日標的股票收盤價之150%。發行當時的履約價格，通常都高出標的股票的價格，這個履約價格就等於是未來標的股票價格上漲的「預定目標」。

　　如果投資人打算持有該公司的股票以作為長期投資，自然可以按照履約價格去履約換股。相反的，如果投資人純粹就獲利的考量，則只要在認購權證上漲，或是看空標的股票的後勢時，直接在集中市場賣出該權證，以賺取價差。

十、行使比例

　　每一單位**認購權證**，可以兌換**標的股票**之股數，稱為「行使比例」（Conversion Ratio）；又稱「執行比例」或「換股比例」。若行使比例為1：1，表示一單位認購權證，可以兌換一單位的股票。

　　依據交易所的規定，認購權證在發行初期的行使比例為1：1，也就是說，每一單位權證可向發行人認購標的股票一股。由於股票交易單位為一千股（即一張股票為一千股），權證的交易單位也是一千單位（即一張權證為一千單位）。民國92年1月，除了原來一張權證對應一張標的股票（行使比例1：1）的方式外，發行人亦可發行以一張權證對應一百股標的股票（行使比例1：0.1）的權證。目前發行的認購權證，行使比例有1.000、0.500、0.200、0.100、0.010多種規格。民國98年5月11

日起，證交所推出「指數型權證」，其行使比例有0.01、0.02、0.05（金融保險與電子類）；0.001、0.002、0.005（加權指數）等。隨著權證市場的發展，權證商品越來越多元化，行使比例的規格，將如同新加坡權證市場，沒有什麼限制。

　　行使比例直接影響權證的價值，相同條件的認購權證，擁有較高行使比例者，價值越高。

十一、履約期間

　　一般美式認購權證，履約期間是自認購權證在證券集中交易市場上市買賣日起，至認購權證存續期間屆滿日或視為到期日止；歐式認購權證則只能在到期日才能履約。

十二、履約給付方式

　　認購權證的「履約給付方式」（Way of Settlement），可分為證券給付、現金結算與證券給付但發行人得選擇以現金結算方式履約，三種方式。

1.證券給付

　　證券給付主要應用在**個股型**的認購權證。投資人以履約價格向發行券商買入權證之「標的股票」。發行券商需以庫存股票實物交割，或在市場上買入股票支應。

2.現金結算

　　現金結算主要應用在**組合型認購權證、指數型認購權證**及**上限型認購權證**。發行人依照履約申請日標的股票的收盤價，計算該收盤價與履約價格的價差，再乘上申請的權證單位數和

行使比例，而以現金方式結算給予投資人。華僑及外國人購買
認購權證，履約給付，一律以現金結算為限。

現金結算餘額的計算式如下：

> 現金結算餘額＝（結算日標的股票收盤價－履約價格）×持有數
> 量（權證數量×行使比例）

3.證券給付但發行人得選擇以現金結算方式履約

基本上以「證券給付」為優先，但發行人可以選擇「現金
結算」方式，取代證券給付。結算方式的選擇權在發行券商。

1.5
認購權證的特性

認購權證是投資人以「認購股票」為權利的金融商品，也
是一種可以安全而且自由買賣的金融投資工具。利用「認購權
證」與「標的股票」連動的特性，當標的股票上漲時，認購
權證可享有極高的報酬率，很適合小額投資人，這是「認購權
證」所具有的魅力。權證市場開放以來，已經吸引越來越多的
投資人，加入投資行列。可是，投資人在購買之前，應對其特
性進行深入的瞭解，方可有效趨吉避兇，以達到獲利的目的。

■ 1.5-1　投資門檻低

認購權證是投資人付出一筆權利金，申購一個買進股票的權利。因此，認購權證價格遠較標的股票價格為低，購買一張標的股票的資金，通常可以買進多張的權證，這是認購權證最迷人之處，投資人只需支付小額權利金，就可以參與交易。買進一張股票，通常需要二、三萬元、幾十萬元、甚至上百萬元，這使得許多只有小錢的投資人，沒有機會投資股票獲利。但是一個單位的認購權證，只要支付幾千元或幾百元的價格，就可以購得。由於購買權證，只要很少的錢就可以操作，而能享受股票上漲的好處。對於資金部位較小的投資人，非常具有吸引力。

■ 1.5-2　槓桿效果大

運用較少的資金進行投資，以獲得較高的財務報酬，稱為「財務槓桿」。

一年期的認購權證，其財務槓桿效果通常介於3倍到6倍之間，比股票融資融券的1.4倍到2.5倍，要高出許多。這代表你可以用1塊錢資金，操作3塊錢到6塊錢的股票。因此，投資「認購權證」的報酬率，遠高於僅投資「標的股票」的報酬率，以小搏大的效應，可以發揮得淋漓盡致。

■ 1.5-3　權利具有時限性

　　認購權證是一種具有「時限性」的有價證券，購買任何權證，都必須先清楚其「到期日」，過期後就不具效力。同時，它的價值受時間因素的影響相當大，即所謂的「時間價值」（Time Value）。距離到期日越近，時間價值會快速衰減。如果認購權證到期日屆滿，而標的股票價格沒有超過履約價格，就成為廢紙一張，所投入的資金，將會血本無歸。因此，權證為短線的操作工具，不適合長期持有。大盤處於多頭格局中，標的股票價格亦在上漲波段的認購權證，乃是投資人出手操作的良好金融商品，但不能以「長期投資」來經營。

■ 1.5-4　風險有限，獲利無窮

　　投資人只要付出一筆很少的權利金，即可取得購買「標的股票」的權利，且僅有權利沒有義務。所以，當股票價格上漲時，權證的槓桿倍數高，享有極高的報酬率，具有無限獲利的想像空間；但當股票下跌時，投資人可在市場上將認購權證賣出，以控制損失；即使在最極端的情況下，投資人最大的損失，也僅損失所支付的「權利金」而已。因此，認購權證是「風險有限，獲利無窮」。

　　不過，投資人必須注意的是，認購權證的價值（即權利金）有可能會跌到零，如果你將所有資金押在認購權證上，也可能會賠得血本無歸。

1.6
認購權證的投資風險

　　凡是投資，都有風險。認購權證與一般股票大不相同，其所衍生的風險，也不相同。認購權證主要的風險，包括下列各項。

■ 1.6-1　發行機構的信用風險

　　認購權證是由證券公司發行的。認購權證的履約，是向發行認購權證的「證券公司」提出，而非向交易所或標的股票發行公司提出。如果發行認購權證的券商發生財務危機，則投資人將面臨無法履約的風險，此為發行機構的信用風險。所以，投資人於投資權證時，應儘量選擇經營穩健且信用良好的發行公司。

■ 1.6-2　時間價值衰減的風險

　　權證投資與股票投資，最大的差異之一，就是權證有一定的「存續期間」。投資權證是拿「時間價值」，去換取對「標的股票」股價波動的期待。認購權證上市上櫃之後，它的「存續期間」隨著日子一天天過去，時間價值就慢慢流失。如果此時標的股票處於整理的盤勢，時間價值的衰減，將會侵蝕權證

的獲利。

　　在權證發行初期，時間價值不會減少太快，但過了一段時日之後，時間價值會快速衰減，到了接近到期日時，衰減速度會更快。當認購權證到期時，若不具履約價值，投資人會損失全部的投資，此為「時間價值衰減的風險」。

■ 1.6-3　流動性不足的風險

　　權證投資的另一重要考量因素是，權證能否以合理價格及適度的流動性，順利在市場上買賣。

　　大多數權證發行數量都在20,000單位至50,000單位之間，以1,000單位為1張換算，2萬張到5萬張的發行張數並不多。當交易量過少時，會導致流動性不足，行情看好時，一股難求；行情看跌時，卻又無法脫手。而且，權證的交易量，也會隨到期日的接近，而有衰減的現象。此為「流動性不足的風險」。

■ 1.6-4　高槓桿的風險

　　權證是以「權利金」交易，買進的價格，比標的股票的價格來得低。但是權證的漲跌幅，卻是依照標的股票的漲跌幅來計算，所以，權證的價格漲跌波動幅度甚大，是一種高槓桿的投資工具。買賣權證，看對行情時，可以有「高報酬」；但看錯行情時，就可能會有「高風險」。在多頭走勢中，若「標的股票」上漲7%，權證有可能上漲30%，甚至超過30%，權證的

槓桿是現股的4倍。但是若「標的股票」下跌7%，權證也可能下跌30%。如果標的股票遇到重大利空而有大跌之虞時，權證的價值甚至可能會趨近於零，導致全數的權利金都賠光，這是高槓桿所帶來的風險。

第 2 章

認購權證價值的影響因素

　　認購權證的價值是，影響投資人**獲利多寡**的重要關鍵。如果投資人**不瞭解**認購權證的價值，也**不清楚**影響認購權證價值的因素，就無法得知權證在市場上交易的價格是否合理，沒有一個買賣的底限。

　　本章將針對**認購權證**的價值及**影響認購權證價值的因素**，逐一加以探討。

2.1
認購權證的價值

　　認購權證的價值，包括「內含價值」與「時間價值」。即

$$權證價值 = 內含價值 + 時間價值$$

2.1-1　內含價值

　　內含價值（Intrinsic Value）是權證持有人立即按照**履約價格**去履約換股，所能實現的利得。換言之，內含價值是**標的股票價格**，減去**履約價格**的數值。即

$$內含價值 = 標的股票價格 - 履約價格$$

　　內含價值的高低，取決於**標的股票價格**和**履約價格**的高

低。標的股票價格與履約價格的**關係**，有三種情況：

一、價內（In-the-money）

標的股票價格大於履約價格，內含價值**大於零**，稱為「價內」。若買方在此時要求履約，即可獲利。價內程度越高，越有履約價值。

二、價平（At-the-money）

標的股票價格恰等於履約價格，內含價值**等於零**，稱為「價平」。若買方在此時履約，不但得不到任何好處，還會出現損失。

三、價外（Out-the-money）

標的股票價格小於履約價格，內含價值**小於零**，稱為「價外」。此時買方不會要求履約，因為履約後會產生立**即損失**。價外比率越高，越沒有履約價值。

標的股票價格與履約價格的**關係**，詳見表2-1、圖2-1。

表2-1　標的股票價格與履約價格的關係

標的股票價格 （S）	履約價格 （K）	內含價值 （S－K）	權證狀態
60	50	10	價內 （In-the-money）
50	50	0	價平 （At-the-money）
40	50	−10	價外 （Out-the-money）

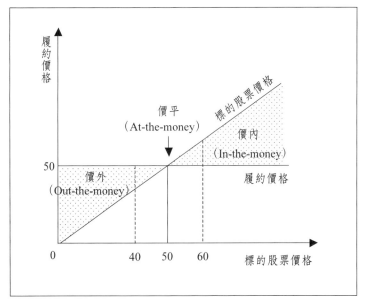

圖2-1　標的股票價格與履約價格的關係

　　認購權證越是在價內，內含價值越高；價平及價外的認購權證，沒有內含價值。標的股票價格距離權證履約價格的程

度，稱為「價內外程度」。認購權證**價內外程度**，可計算如下：

$$價內外程度 = \frac{標的股票價格 - 履約價格}{履約價格} \times 100$$

當標的股票價格**遠高於**履約價格，價內程度**超過20%**，稱為「深入價內」（Deep In-the-money）；當標的股票價格**遠低於**履約價格，價外程度超過20%，稱為「深入價外」（Deep Out-the-money）。

深入價內時，Delta值趨近於1；深入價外時，Delta值趨近於0。因此，深入價內的權證，漲跌金額已很接近標的股票的漲跌金額；而深入價外的權證，卻不怎麼隨標的股票漲跌。一般而言，尚有一年到期的**價平認購權證**，其Delta值約為0.6。

內含價值代表權證的「底價」，內含價值中的「履約價格」是固定不變的，但「標的股票價格」卻時刻在變動。因此，當**標的股票價格**上漲時，認購權證的價值當然會跟著上漲；而標的股票價格下跌時，認購權證的價值也會跟著下跌。

當標的股票價格上漲，認購權證由價外轉為價內時，成為相對安全的買進標的。價內認購權證的合理價格，可計算如下：

$$價內認購權證的合理價格 = （標的股票價格 - 權證履約價格）\times 行使比例$$

■ 2.1-2　時間價值

就定義來說，時間價值（Time Value）是權證價值（權利金）**超過**內含價值的部分。即

時間價值＝權證價值－內含價值

權證價值中，有很大的一部分是因權證**未到期**所造成的，此價值稱為「時間價值」，茲將時間價值的涵義，闡釋如下。

一、時間價值是認購權證未來獲利可能性所認定的價值

在認購權證到期之前，市場上會為認購權證的**時間價值**決定一個合理的價格，這個價格是市場上為認購權證**未來獲利可能性**所認定的價值。

投資人花一筆小錢，買一個未來可能賺大錢的希望。所以，對認購權證的持有人而言，**時間**就是**希望**，有希望就有投資價值。投資權證就是花錢買希望。買認購權證，買的是**股價**在未來一段期間內**上漲的希望**，希望越濃厚，反映在認購權證的價格上也就越高，甚至會超漲；若希望渺茫，反映在認購權證的價格上必然低落，甚至會超跌。所以，買賣認購權證，就是買賣市場的**預期**，能夠洞燭先機，逢低買入者，獲利的機會也就相對提高。所以，時間價值亦可稱為「希望價值」（Hope Value）。

二、時間價值是認購權證至到期日之前，產生內含價值之可能性的價值，亦即權證未來進入價內狀態之可能價值

時間價值係指認購權證獲得「價內」之機會。當某檔認購權證處於**價外**時，該認購權證不具有內含價值，但是這並不表示此一認購權證的價值為零。因為在到期日之前，它仍然**有機會進入價內**；也就是說，在到期日之前，標的股票價格有可能上漲**超過**履約價格，使得該認購權證具有內含價值。這個未來**產生內含價值之可能性的價值**，即是時間價值。

時間價值是認購權證**未來進入價內狀態**的可能價值，代表投資人在權證到期日前願意為其預期獲利機會，所付出的代價。當權證處於價外時，由於內含價值為零，所有權證價值都是時間價值。如果距到期日越近，可交易的天數就越來越少，認購權證能夠創造獲利的想像空間，也越來越小，這就是認購權證**時間價值的衰減現象**（Time Decay）。因此，權證到期時，權證的時間價值即等於零。

股市之所以有買有賣，是因為市場上每個人對多空的「預期」不一致。市場上每一位投資人對於投資的獲利機會，都有自己的一個「預期」，而這樣的預期，就會產生一個市場價格。所以，時間價值就是**花時間等待可能履約的機會**。

時間價值主要取決於兩個因素：存續期間和標的股票價格波動率。

1.存續期間

一般來說，某一檔認購權證距到期日越長，進入價內的機率越大，因此，**距到期日越長**的認購權證，**越有價值**。不過距

到期日時間的長短和認購權證的價值，並不是呈等比關係。這是因為認購權證的時間價值，將隨著時間逼近**到期日**而逐漸減少，而且越接近到期日，時間價值會衰減得越厲害，到期日當天，時間價值為零（詳見圖2-2）。

2.標的股票價格波動率

標的股票價格波動率是指標的股票價格的變化程度。波動率大的股票，股價上漲或下跌可能幅度也大，表示股性活潑。

在某段時間內，如果標的股票價格波動率非常小，投資人可能會預期未來該股票價格，也不會有太大變動。如此，一檔處於「深入價外」（Deep Out-the-money）的認購權證，未來進入價內的可能性相當小，因此，該認購權證的時間價值，就會相對偏低。

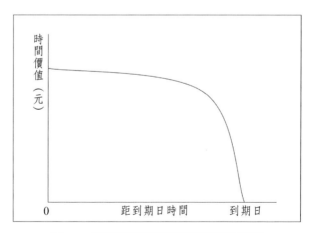

圖2-2　距到期日時間與時間價值的關係

　　相反的，一檔標的股票價格**波動率較高**的認購權證，即使處於「深入價外」，投資人仍可能認為在到期日之前，該認購**權證有機會進入價內**。因此，一檔標的股票價格波動率較大的認購權證，時間價值會高於標的股票價格波動率較小的認購權證。

　　綜上所述，**認購權證的價值**，包括內含價值與時間價值兩部分。內含價值是投資人可立即去履約換股的價值。如果認購權證處於價平或價外，則內含價值為零，但是該認購權證尚有時間價值，即是**未來進入價內的可能性的價值**。距到期日**越長**，標的股票價格波動率**越高**，時間價值就越高。

　　例如，群益證券公司以「平價」發行南亞認購權證，履約價格為65元。而南亞股票價格與權證價格變化如下：

表2-2　標的股票價格與權證價格的變化

日期	10月1日	11月1日	12月1日
標的股票價格	65	72	62
履約價格	65	65	65
權證價格	7	15	4
內含價值	0	7	0
時間價值	7	8	4

(1)當10月1日權證以「價平」發行時，其內含價值為0，而時間價值為7元，代表投資人願意付7元，以換得未來一

年時間內**權證內含價值**變成正數的機會。

(2)到了11月1日，南亞股票價格上漲至72元，權證處於「價內」狀態，內含價值上升到7元，而時間價值也因南亞隱含波動率的增加，而上揚至8元，權證價格因此變成15元。

(3)但是，到了12月1日，因南亞股票價格回跌，權證處於「價外」狀態，內含價值又回到零，時間價值亦遞減為4元。

認購權證處於價內時，內含價格大於零，認購權證價值包括內含價值和時間價值兩部分；認購權證處於價平或價外時，沒有內含價值，認購權證價值都是時間價值。

投資人習慣使用「時間價值」為指標，作為衡量該檔權證是否值得持有的依據。若時間價值佔權證價值比率越低，代表投資人購買該權證時，較不必擔心權證因為時間衰減，而導致**權證價格**下跌的風險。

通常，離到期日越長的權證，時間價值佔權證價值的比例越高；當權證越接近到期，時間價值佔權證價值的比例越低。

2.2
影響認購權證價值的因素

在發行市場，**認購權證的理論價值**，是由發行人依據1993年由美國財務經濟學家Fisher Black和Myron Scholes所提出的「布雷克休斯模型」（Black-Scholes Model），以電腦運算得

出，用以比較認購權證的**市價**與理論價值是否合理。計算認購
權證的價值是一件繁複的工作。目前各大證券商在其網站，都
有提供認構權證的「計算器」，讓投資人使用，可以計算「認
購權證的理論價值」。

　　認購權證的理論價值，受到六種**訂價因素**的影響，包括標
的股票價格、履約價格、標的股票價格波動率、存續期間、市
場利率，及標的股票現金股息等。所以，認購權證的理論價
值，可以下式表示：

$$Wp = BS\,(S, E, \sigma, t, r, \delta\,)$$

　Wp：認購權證的理論價值
　　S：標的股票價格
　　E：履約價格
　　σ：標的股票價格波動率
　　t：存續期間
　　r：市場利率
　　δ：標的股票現金股息

　　在這六種因素中，標的股票價格、標的股票價格波動率、
存續期間和市場利率，對認購權證價值的影響，呈「正向關
係」；而履約價格和標的股票現金股息，對認購權證價值的影
響，呈「負向關係」，茲分述如下。

▇ 2.2-1   標的股票價格

　　當**標的股票價格**上漲，標的股票價格越高，認購權證具有內含價值的機會越大，在其他條件不變的情況下，**認購權證價值就越高**。認購權證的價值是隨著標的股票價格的漲跌，呈「正向關係」，但並非呈一直線關係（見圖2-3）。

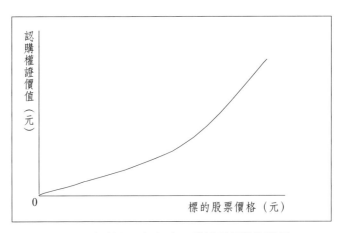

圖2-3　標的股票價格與認購權證價值的關係

　　如圖2-3所示，在標的股票價格**較低**時，認購權證處於**價外狀態**，認購權證價值隨標的股票價格的變化，較為和緩，標的股票價格上漲1元，認購權證價格隨之上漲的幅度非常小。但當標的股價**較高**時，認購權證處於**價內狀態**，認購權證價值對標的股票價格變動較為敏感，呈現曲線關係。股價漲越多，曲線會越接近45度線，只要標的股價上漲1元，認購權證價格也會上漲1元，認購權證價值的變化，會越接近標的股票價格走勢。

對投資人最有利的情況是，在購買認購權證後，標的股票價格在短期內大幅上揚，認購權證的獲利，跟著急速累積。

■ 2.2-2　履約價格

因為內含價值等於標的股票價格減去履約價格，因此，在其他條件不變的情況下，**履約價格越低**，標的股票價格超越履約價格的機率越高，**認購權證的價值**就**越高**。履約價格與認購權證價值，呈「反向關係」。

如圖2-4所示，越接近圖表的「左方」，表示履約價格越低，認購權證價值越高，亦即標的股票價格大於履約價格的程度越多，認購權證越呈「價內狀態」；越接近圖表的「右方」，表示履約價格越高，認購權證價值就越低，而標的股票價格小於履約價格的程度越多，認購權證越呈「價外狀態」。

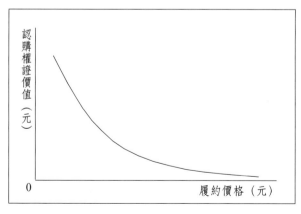

圖2-4　履約價格與認購權證價值的關係

■ 2.2-3 標的股票價格波動率

　　波動率是指股價的變化程度,如果股價常常上下起伏,波動率就很大;如果股價數十天如一日,沒有什麼震盪,波動率就很小。投資認購權證,是看好未來某段時間內,標的股票價格有上漲的空間。標的股票價格**波動率越大**,其股性越活潑,表示認購權證在持有期間內,股價震盪越劇烈,投資人可以享受的槓桿倍數與獲利空間越大,**認購權證價值就越高**。

　　一檔標的股票的波動幅度非常大,若認購權證處於「價內區」,標的股票價格有比較多的機會,拉開與履約價格的差距;若認購權證處於「價外區」,標的股票價格也有比較多的機會,超越履約價格,變成價內,所以仍願意以較高的價格,買進該檔權證。因此,標的股票價格波動率與認購權證的價值,呈現「正向關係」(詳見圖2-5)。

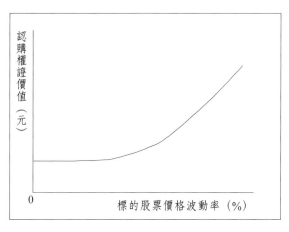

圖2-5　標的股票價格波動率與認購權證價值的關係

■ 2.2-4　存續期間

　　距離認購權證到期日的時間，稱為「存續期間」。認購權證距「到期日」越遠，**存續期間越長**，未來的成長空間越大，標的股票價格越有機會上漲，越有機會大幅超越履約價格，獲得「價內」之機會（時間價值）越高，所以**認購權證價值越高**。

　　認購權證處於價外區時，該認購權證不具有內含價值，但這並不表示這檔權證的價值為零。因為在到期日之前，標的股票價格有可能上漲超過履約價格，而進入價內區。因此，對認購權證而言，距到期日越長，時間價值越大。某些目前沒有內含價值的認購權證，會有人願意購買，就是因為該項權證尚未到期，還有「時間價值」存在。所以，存續期間的長短與認購權證價值，呈「正向關係」（詳見圖2-6）。

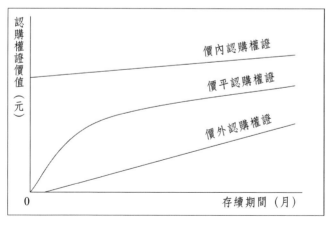

圖2-6　存續期間與認購權證價值的關係

■ 2.2-5　市場利率

　　所謂市場利率，指的是「無風險利率」（Risk-free Rate of Interest），在國內一般可用銀行一年期定存利率或商業本票利率。由於投資人能夠投資的資金有限，在考量風險的情況下，會選擇報酬率比較高或成本比較低的方案。**銀行的利率**是投資人比較不同投資方案的基礎，也可視為掌握投資機會所需的成本。假設其他條件不變，**市場利率上漲**時，買股票的需求會減少，相對**買認購權證的需求會增加**，使得認購權證的價值上漲。換言之，市場利率越高，認購權證的「機會成本」越高，**認購權證的價值越高**，市場利率與認購權證價值，呈「正向關係」（詳見圖2-7）。

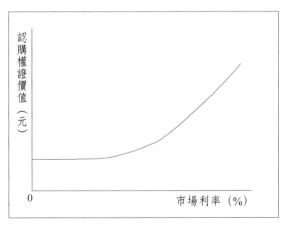

圖2-7　市場利率與認購權證價值的關係

■ 2.2-6　標的股票現金股息

　　標的股票除息時，標的股票的價格會下跌。由於現金股息是不分配給認購權證的持有者，認購權證會因為**市價下跌**，發生價內情況相對減少，所以不利於認購權證。因此，現金股息的發放，將**貶低**認購權證的價值。標的股票現金股息與認購權證價值，呈「反向關係」（詳見圖2-8）。

　　台灣的認購權證，由於設有**保護條款**，標的股票在上市（櫃）期間，產生除權息或現金增資時，會自動調整履約價格及行使比例，所以，認購權證的價格不會因為標的股票現金股息的發放而產生影響。但是如果發行人在發行時，就聲明除權除息時不調整履約價格及行使比例，則除權除息對認購權證價值不利。

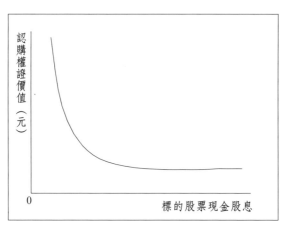

圖2-8　標的股票現金股息與認購權證價值的關係

以上六項因素中，**市場利率**代表資金成本，當市場利率上升時，認購權證價值也會上漲；而**標的股票現金股息**大時，因權證持有人不能享有股息，因此權證價值較低。

依據過去經驗，國內金融市場相當穩定，一年期定存利率的變動幅度不大；而標的股票發放現金股息時，「履約價格」會同步調整。因此，這兩項因素對權證價值的影響較輕微，投資人可能不易察覺（詳見表2-3）。

影響認購權證價值的因素	對認購權證價值的影響	意　義
1.標的股票價格	＋	標的股票價格越高，表示可以用固定的金額，買到越高價值的股票，認購權證越有價值
2.履約價格	－	履約價格越高，標的股票超過履約價格的機率越低，認購權證價值越低
3.標的股票價格波動率	＋	標的股票波動率越高，表示股票越活潑，股價向上突破履約價格的機率越高，認購權證價值越高
4.存續期間	＋	存續期間越長，標的股價越有機會上漲，因此認購權證價值越高
5.市場利率	＋	市場利率越高，認購權證的機會成本越高，認購權證的價值越高
6.標的股票現金股息	－	標的股票現金股息越多，認購權證價值越低

表2-3　影響認購權證價值的因素

註：「＋」表示影響因素與認購權證價值，呈正向關係；「－」表示兩者呈負向關係。

　　另外四項因素，對權證價值影響較大，而且又可歸納為兩大類別。標的股票價格與履約價格，是影響「內含價值」的因素；而標的股票價格波動率與存續期間，是影響「時間價值」的因素（詳見表2-4）。

表2-4　內含價值與時間價值的影響因素	
價值類型	影響因素
內含價值	標的股票價格
	履約價格
時間價值	標的股票價格波動率
	存續期間

第 3 章

認購權證買賣實務

認購權證是投資人買進股票的權利。由於認購權證的原理，比股票複雜，而衍生性商品的觀念，也和傳統投資有所不同。投資人必須對權證的買賣作業深入瞭解。

本章探討認購權證的買賣實務，讓投資人瞭解權證在集中市場的買賣作業。包括：認購權證的發行、認購權證的買賣方式、認購權證買賣價格最小升降單位、認購權證漲跌停價格的計算、認購權證的交易成本與權證之流動量提供者機制等。

3.1
認購權證的發行

權證的發行，不像股票，需要經過券商輔導和嚴密的審核過程。股票的發行從輔導、申請作業開始，直到掛牌上市至少3年，上櫃至少2年。一檔權證，由申請發行，至掛牌上市，大約需要費時6至7個營業日。（詳見圖3-1）。

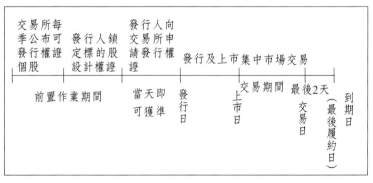

圖3-1　認購權證的發行流程

一、交易所或OTC每季公布可以發行權證的個股

　　在台灣證券市場，認購權證是一項較新的衍生性金融商品。主管機關對於此項商品的發行，採取較為謹慎的態度，對可以發行權證的股票，是以交易所或櫃檯買賣中心（OTC）每季一次的公告為準。

二、發行人鎖定標的股票設計權證

　　發行人鎖定交易所或櫃檯買賣中心每季公布的個股，設計權證，然後向證交所或櫃檯買賣中心，提出發行計畫。

三、發行人申請發行權證

　　在T日，發行人向台灣證券交易所申請權證發行，經台灣證券交易所審查其發行計畫並同意後，即出具同意函，並將該檔權證之上市契約，送主管機關鑒核。

四、發行及上市

1.T+1日

　　發行人辦理權證之發行及銷售。

2.T+2～3日

　　主管機關核准權證上市契約後，函覆台灣證券交易所，並副知發行人。

3.T+3～4日

　　發行人於預訂之權證掛牌上市日至少兩個營業日前，向台

灣證證券交易所申請權證上市，經台灣證券交易所審查其上市
相關書件符合規定後，辦理權證上市公告。

4.T+5～6日

　權證掛牌上市於集中市場交易。

五、集中市場交易

　權證於集中市場掛牌上市（櫃），開始交易的日期，稱為
「上市日」。認購權證自上市日（含）起算，至到期日為止
的期間，稱為「存續期間」。權證的存續期間為6個月至2年不
等。

　權證的到期日，指的是「最後履約日」，而非「最後交易
日」。因為權證買賣交割，需要兩天的時間，權證的「最後交
易日」，為到期日的前兩個營業日，到期日前一營業日，即停
止受託申報買賣，到期日後即自動下市。

3.2
認購權證的買賣方式

　認購權證上市上櫃掛牌之後，必須透過集中市場的交易管
道來買賣。購買集中市場的權證，其程序與購買任何一支股票
完全一樣。可透過營業員、也可以透過電話、語音或網路下
單。其交割與繳款的方式，也與一般股票相同，均是交易後兩
天才交割款項。唯一的差別在於，權證無法融資融券，且因其
屬於「受益憑證」，所以證交稅僅為千分之一，較股票交易為

低。

　　權證上市後，便如同股票一樣，投資人可以在任何券商直接下單買賣任何一種認購權證。在此，投資人要注意下列事項：

1.一定要有「集保帳戶」

　　買賣認購權證，一律採用集保帳簿劃撥方式，投資人必須先開立「集保帳戶」方可交易。由於認購權證依規定必須強制集保，投資人不能申請領回權證，自行保管。

2.需簽具「風險預告書」

　　投資人欲在集中市場買賣認購權證，需簽具一張「風險預告書」，表示認清權證風險後才可交易，並利用現有「股票交易帳戶」進行買賣，不必另開新戶。

3.不能融資融券

　　認購權證是一種高槓桿交易的有價證券，為避免信用重複和過度擴張，現行法令規定認購權證不得採用信用交易，不能融資融券。

4.不得當日沖銷

　　投資人在同一日內，對買入或賣出的有價證券，採取反向的交易操作，以抵銷原有的部位，稱為「當日沖銷」。

　　現行法令規定，認購權證不得進行當日沖銷，一旦市場發生重大變化，將出現標的股票價格和權證價格之間失真的問題，即認購權證無法準確反映標的股票價格。

5.不要以市價敲單

　　認購權證的交易撮合方式，是採價格優先，再時間優先。

但開市前輸入同價位申報，則依電腦隨機排列，決定優先順序；並且採「集合競價」方式撮合，無上下兩檔的限制，與目前上櫃股票的方式一樣。因此，投資人最好以「限價」委託下單，不要以「市價」敲單，避免以不合理價位成交。

3.3
認購權證買賣價格最小升降單位

認購權證和股票一樣，在次級市場上的價格，會上下變動，且依不同價位而有不同的升降單位。依據證券交易所「認購（售）權證買賣辦法」第6條的規定（96年10月11日修正），認購（售）權證買賣申報價格，以一認購（售）權證單位為準，其升降單位詳見表3-1。

表3-1　買賣價格最小升降單位

每單位市價	認購權證升降單位
未滿5元	0.01元
5元至未滿10元	0.05元
10元至未滿50元	0.1元
50元至未滿100元	0.5元
100元至未滿500元	1元
500元以上	5元

例如，友達認購權證的市場價格為12元，最小升降單位為

0.1元。因此，下一次價格的最小變化，可能為12.10元或11.90元（見圖3-2）。

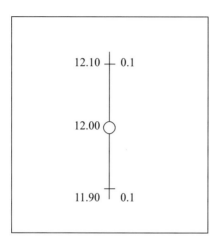

圖3-2　買賣價格最小升降單位

一張股票有1,000股，一張認購權證有1,000個單位。通常是一單位認購權證可以認購一股股票。而買賣認購權證以一張為最小交易單位。投資人在計算市場價格時，得將每單位市場價格乘1,000單位，才是一張認購權證的交易價格。

3.4
認購權證漲跌停價格的計算

股價在一日內允許上漲和下跌的幅度，稱為「漲跌幅」。股票交易有漲跌幅的限制，其目的在於，防止市場因受種種不確定因素的干擾，而產生暴漲或暴跌的情況，造成投資人極大

的損失，甚至危害金融市場的安定。

　　認購權證是由股票衍生而來的金融商品，其漲跌停價格的計算，乃是以標的股票的漲跌幅作為計算的基礎。

■ 3.4-1　個股型認購權證漲跌停價格的計算

　　個股型認購權證，是以單一個股為「認購標的」。因此，計算認購權證的漲跌停價格，與標的股票價格，息息相關。其計算步驟如下：

　　1.找出「認購權證」前一營業日收盤價。

　　2.計算「標的股票」當日漲跌停金額。

標的股票當日漲跌停金額＝標的股票當日參考價×7%

　　3.確認認購權證與標的股票的「行使比例」。

　　4.代入以下公式，即可算出認購權證漲跌停價格。

　　(1)認購權證**漲停**價格

認購權證漲停價格＝認購權證前一營業日收盤價＋標的股票當日
漲停金額×行使比例

(2)認購權證**跌停**價格

認購權證跌停價格＝認購權證前一營業日收盤價－標的股票當日
跌停金額×行使比例

李廣輝投資一檔以友達為標的股票的元大G1認購權證，行使比例為1：1，友達股票昨日收盤價為60元，元大G1認購權證昨日的收盤價為10元，元大G1認購權證的漲跌停價格計算步驟如下：

1.找出元大G1認購權證前一營業日收盤價。

　元大G1認購權證前一日收盤價為10元

2.計算標的股票友達今日漲跌停金額。

　目前上市或上櫃股票，一天內漲跌幅限制均為7%，友達昨日收盤價為60元，今日友達的漲（跌）停金額為：

　60元×7%＝4.2元

3.確認元大G1認購權證與標的股票間的行使比例。

　行使比例為1：1

4.將前三步驟所得數字，代入以下公式，計算元大G1認購權證的漲跌停價格：

　(1)認購權證漲停價格

　　10元＋(4.2元×1)＝14.2元

　(2)認購權證跌停價格

　　10元－(4.2元×1)＝5.8元

個股型認購權證的漲跌停價格，是依據「標的股票」當天

漲跌停金額計算而來。因此，認購權證的價格，雖然比標的股票的價格低，但經過計算後，會發現認購權證的**漲跌幅度**，較標的股票的漲跌幅度高。如本例所示，友達股票的漲跌幅度是7%，而元大G1的漲跌幅度是42%，權證的漲跌幅度是標的股票漲跌幅度的6倍（詳見表3-2）。

表3-2　個股型認購權證與標的股票漲跌停價格比較

項目	收盤價（元）	漲跌停金額（元）	漲跌停價格（元）	漲跌停幅度（％）
友達股票	60	4.2	64.2/55.8	±7
元大G1認購權證	10	4.2	14.2/5.8	±42

■ 3.4-2　組合型認購權證漲跌停價格的計算

　　組合型認購權證的認購標的，不只是一檔股票，而是一籃子的股票組合。組合型認購權證的漲跌停價格，計算步驟如下：

　　1.找出「認購權證」前一營業日收盤價。

　　2.從一籃子股票組合中，找出「**漲跌停金額最大**」的一檔標**的股票**，作為計算認購**權證**漲跌停價格的依據。

　　3.計算「標的股票」當日漲跌停金額。

標的股票當日漲跌停金額＝標的股票當日參考價×7%

4.確認認購權證與標的股票的行使比例。

5.代入以下公式，即可算出認購權證的漲跌停價格：

(1)認購權證漲停價格

> 認購權證漲停價格＝認購權證前一營業日收盤價＋標的股票當日
> 漲停金額×行使比例

(2)認購權證跌停價格

> 認購權證跌停價格＝認購權證前一營業日收盤價－標的股票當日
> 跌停金額×行使比例

李廣輝投資組合型的A認購權證，認購「標的股票」為台積電和聯電，其中台積電昨日收盤價為80元，聯電昨日收盤價為40元。A認購權證昨日收盤價為16元，行使比例為1：1.1，A認購權證的漲跌停價格，計算步驟如下：

1.找出A認購權證前一日收盤價

　A認購權證前一日收盤價為16元。

2.台積電股價為80元，高於聯電40元，上市股票一日漲跌幅為7%，台積電的漲跌停金額大於聯電。因此，以台積電作為計算認購權證漲跌停價格的依據。

　台積電漲跌停金額　80元×7%＝5.6元

3.確認A認購權證與標的股票間行使比例

　行使比例為1：1.1

4.將前三步驟所得的數字，代入以下公式，算出A認購權證的漲跌停價格。

(1)認購權證漲停價格

認購權證漲停價格 = 16元 + (5.6元×1.1) = 22.16元

(2)認購權證跌停價格

認購權證跌停價格 = 16元− (5.6元×1.1) = 9.84元。

表3-3　組合型認購權證與標的股票漲跌停價格比較

項目	收盤價 （元）	漲跌停金額 （元）	漲跌停價格 （元）	漲跌停幅度 （％）
台積電股票	80	5.6	85.6/74.4	±7
A認購權證	16	6.16	22.16/9.84	±38.5

　　組合型認購權證是以**漲跌停金額最大的標的股票**，作為認購權證漲跌停價格的計算基準。由於認購權證的價格，較標的股票價格為低，因此，認購權證漲跌幅比率，較標的股票的漲跌比率為高（詳見表3-3）。

3.5
認購權證的交易成本

　　投資人買賣認購權證及執行履約時，所須負擔的費用，包括手續費和證交稅，茲分述如下。

■ 3.5-1　買賣時的交易成本

　　投資人在次級市場買賣認購權證，必須繳交相關費用，包括手續費和證交稅兩項。

一、手續費

　　1.買：0.1425%。

　　2.賣：0.1425%。

二、證交稅

　　1.買：無證交稅。

　　2.賣：0.1%（賣出時成交金額的千分之一）。

■ 3.5-2　履約時的交易成本

一、現金結算

　　1.手續費：0.1425%

> 履約手續費＝履約價格×標的股票數量（權證數量×行使比例）
> 　　　　　　×0.1425%

2.證交稅：0.3%

> 證券交易稅＝認購權證標的股票價格×標的股票數量（權證數量
> ×行使比例）×0.3%

二、證券給付

1.手續費：0.1425%。
2.證交稅：無證交稅。

3.6
權證之流動量提供者機制

認購權證是一種衍生性金融商品，從商品設計、定價、發行、到掛牌上市，都是由**發行券商**一手催生。認購權證掛牌交易之後，發行人的義務是在權證市場扮演「**造市者**」（Market Maker）角色，從事**造市操作**（Market Making）。一方面在權證市場提供籌碼，促成交易，以提升交易量，創造市場適度的流動性，使市場交易順暢熱絡，讓投資人買賣容易；另一方面提供買賣報價，維持價格之合理性，使自己發行的權證，合理地反映它應有的價值，讓權證投資人，可因看對**標的股票**，而獲得權證價格上漲的利得。

自2009年1月6日起，所發行的權證，開始適用「權證之流動量提供者機制」，其內容如下。

3.6-1　主要功能

　　流動量提供者制度，是為了提升權證之流動性而設計的一種制度，由流動量提供者提供應買及應賣之報價，解決目前投資人想買買不到，想賣賣不掉等**流動性不足**之現象，使投資買賣更有效率，進而增加交易量，並活絡權證市場。

3.6-2　流動量提供者資格

　　認購（售）權證發行人得自行擔任，或委任其他證券商擔任流動量提供者，為其所發行之權證提供流動量，每檔權證僅能委任一家流動量提供者。

3.6-3　報價方式

　　流動量提供者，須在集中交易市場開盤後5分鐘至收盤期間，以「回應報價要求」或「主動報價」方式擇一採行履行報價之責任。

一、回應報價要求

1. 流動量提供者，於接獲投資人詢價後5分鐘內回應報價，而此報價至少須維持1分鐘。
2. 權證每單位委託價格未滿新臺幣（以下同）10元者，每筆報價不得低於十交易單位；權證每單位委託價格10元到20

元者，每筆報價不得低於五交易單位；權證每單位委託價格超過20元者，每筆報價不得低於一交易單位。

二、主動報價

1. 流動量提供者，報價須規範最高申報買進價格與最低申報賣出價格之最大升降單位。
2. 流動量提供者，主動每隔5分鐘至少報價一次，而此報價至少維持30秒。
3. 權證每單位委託價格未滿新臺幣（以下同）10元者，每筆報價不得低於十交易單位；權證每單位委託價格10元到20元者，每筆報價不得低於五交易單位；權證每單位委託價格超過20元者，每筆報價不得低於一交易單位。

三、流動量提供者於下列時機得不提供報價

1. 集中交易市場開盤後5分鐘內。
2. 權證之標的證券暫停交易。
3. 當流動量提供者專戶內之權證數量無法滿足每筆報價最低賣出單位時，流動量提供者得僅申報買價。
4. 發行人自行訂定之其他時機。

■ 3.6-4　應行揭露事項

發行人應於銷售公告、公開銷售說明書，及上市公告中載明流動量提供者之名稱、履行報價責任之方式暨不提供報價之

時機等事項，若流動量提供者以「回應報價要求」方式履行報價責任，另應載明流動量提供者電話號碼。

第 4 章

認購權證初階操盤法

　　買賣認購權證，如果操作得當，可能會讓投資人一本萬利；但是一不小心，也可能會損失慘重。買賣權證獲利，必須熟悉交易規則，掌握**進場時機**，並運用適當的**操盤方法**。

　　投資人從事權證投資，欲在權證市場中脫穎而出，贏取豐碩的成果，決不能忽視**每天的操盤過程**，更不能草率決定任何一筆交易。

　　操盤的第一要務是「知法」。**知法**是熟悉各種「技術分析」戰法。認購權證由於有「時間價值」衰減的特性，其技術線形會被扭曲，不具分析價值。但是，可依據「標的股票」本身的技術線形，仔細探討其操盤方法。

　　其次是「守法」。守法是完全遵守「技術分析」戰法操作，嚴格執行「買賣訊號」，絕不追高殺低。

　　本章除探討K線出頭落尾戰法之外，並探討認購權證的交易規則、進場時機、停損與停利等相關課題。

4.1
認購權證的交易規則

　　認購權證是由「證券」衍生而來，因此，認購權證的買賣規則，也大致由證券交易法規演變而來。茲依據「台灣證券交易所股份有限公司認購（售）權證買賣辦法」（民國95年1月20日修正），揭示其交易規則如下：

　　1.買賣申報以**限價申報**為之。

　　2.撮合成交時，**買賣申報之優先順序**，依下列原則決定：

(1)**較高買進申報**，優先於較低買進申報；**較低賣出申報**，優先於較高賣出申報。

(2)**同價位之申報**，依**輸入時序**決定**優先順序**；但開市前輸入之同價位申報，依電腦**隨機排列方式**決定優先順序。

3.買賣申報之競價方式，一律為**集合競價**，其成交價格依下列原則決定：

(1)高於**決定價格**之買進申報，與低於**決定價格**之賣出申報，需全部滿足。

(2)與**決定價格**相同之一方，需全部滿足。

4.投資人買賣認購權證，一律委託**證券集中保管事業**辦理帳簿劃撥，且委託人不得申請領回認購權證。投資人下單則透過**券商**在市場上交易。

4.2
認購權證的進場時機

　　認購權證雖然有6個月至2年不等的**存續期間**，但權證絕對是一個「短線」的投資工具，不像**股票**一樣，可以長期投資，享受公司長期**成長利益**。

　　買入權證是，希望賺取短線上**更大的資本利得**（Capital Gains）。可是股票價格起起伏伏，槓桿倍數大的權證，漲跌幅度更是驚人，確實掌握**權證的進場時機**，乃是獲利最重要的關鍵所在。

■ 4.2-1　基本面

一、初次發行

　　發行人初次發行認購權證時，因為**有較長的「存續期間」**，能夠以**較合理的價格**，大量買進，是一個良好的介入時點。

二、標的股票漲勢的初升段

　　標的股票的價格，**處於漲升態勢時**，權證因為具有高「槓桿效果」，會有更大漲幅。所以，在**標的股票漲勢的初升段**，是很好的介入時機。

三、標的股票量能擴增初期

　　市場處於多頭走勢中，成交量通常會隨著股價的上漲而增加。當標的股票**量能增加**時，顯示交易活絡，波動率可能增大，因此，權證的價格亦有可能上升，此時頗適合介入權證獲利。

四、市場出現重大利多，預期標的股票即將大漲時

　　買進認購權證最適合的時機是，市場出現**重大利多**，預期「標的股票」即將大漲時。

　　例如，政府宣布開放兩岸三通，歐美股市大漲，全球恐怖組織瓦解，企業公布財報獲利優於預期。

　　此時，投資人就可以用少許的資金，買進認購權證，往往有倍數的獲利機會。

五、標的股票出現影響營運的重要消息

　　認購權證極適合短線操作，標的股票出現**影響營運的重要消息**時，直接介入買賣「認購權證」獲利，會高於只是買進「個股」。因此，投資人充分掌握市場短線訊息，是一件極為重要的課題。

六、標的股票除權前

　　標的股票除權時，權證的相關「履約條件」將作調整，履約價格往下**調低**，行使比例往上**調高**，以確保投資人的權益不致受損。在履約條件調整後，權證的價格並不會有任何變動。例如，除權前股價若是90元，權證價格為12元，除權後股價調整為72元，但權證價格仍為12元。

　　如果投資人預期除權後會有**填權**，權證可能漲得更兇；萬一不幸貼權，權證也可立刻認賠殺出，不像抱股票，除權還有股子套牢的風險。

■ 4.2-2　技術面

　　從技術面的觀點來看，認購權證的最佳進場時機，通常出現在行情的「起漲點」。標的股票的**技術線形**出現「買進訊號」的時機有二：

第一，多頭市場啟動，股價連漲數日，拉回量縮，波中回檔的低點，即為買點。

其次，強勢的股票，股價呈現狹幅盤整的平穩走勢，3MA、5MA、8MA三條均價線密集在一起，當一根長紅K線帶量突破三條交會的均價線時，是股價變盤，波段軋空行情的起點，也是買點。

一、比較穩健型的投資人

1.標的股票價格**築底完成**，開始爆量攻擊。

2.標的股票**量縮價穩**，出現**變盤轉折**點位。

3.標的股票價格跌落到關鍵支撐價位。

二、比較冒險型的投資人

1.標的股票價格**突破重要關卡**。

2.標的股票價格**氣勢極強**，追價買進。

4.3
K線出頭落尾戰法

■ 4.3-1　K線的意義

根據股市的實際交易記錄，將各種股票每日、每週或每月的開盤價（Open）、收盤價（Close）、最高價（High）和最低

價（Low）等漲跌變化，而繪製的線形，稱為「K線」。

　　K線以「橫軸」表示時間，「縱軸」表示價格。分析者可以根據分析的需要，設定橫軸的時間單位。

　　以日為單位，稱為「日線」；以週為單位，稱為「週線」；以月為單位，稱為「月線」。

■ 4.3-2　K線的功能

　　K線分析之目的，在於**研判多空、表達力道**及**顯示轉折**，使投資人能夠確實掌握股價漲跌的脈動，迅速確定買點、賣點、停損點與停利點。

一、研判多空

1.K線實體

　　單一K線，可依據**K線實體**的長短與陰陽性質（紅黑顏色），以及**上下影線**的長短，來研判多空。

　　一般而言，K線的「紅色實體」，代表多頭勢力的大小，亦是多方「買盤」之所在；K線的「黑色實體」，代表空頭勢力的大小，亦是空方「賣盤」之所在。因此，多方強勢時，K線收紅；空方強勢時，K線收黑。

　　在一段走勢中，紅K線比黑K線多，且漲幅大於跌幅，是「偏多格局」；若陰線比陽線多，且跌幅大於漲幅，是「偏空格局」；若陽線與陰線大約相當，且漲幅與跌幅也相當，是「整理格局」。

2.影線

　　上影線是空方最後一道防守關卡，代表「賣壓」，乃是股價向上攻擊時的壓力。上影線的長短，代表賣方壓力的輕重。上影線越長，表示上檔的壓力越大。故股價在上漲過程中，頻頻出現上影線，且上影線大於當日K線實體一倍以上時，表示空頭在高檔打壓，**上漲的動力被鎖住（受阻）**，股價即將回檔。

　　下影線是多方最後一道防守關卡，代表「買氣」，乃是股價向下防守時的支撐。下影線的長短，代表買方支撐的強弱。下影線越長，表示下檔的承接力道越強。故股價在下跌過程中，頻頻出現下影線，且下影線大於當日K線實體一倍以上時，表示買點浮現，多頭在低檔進場，**下跌的力道被鎖住**，股價即將反彈。

　　紅色實體與下影線，為「多方」所主導的力量，形成「買氣」；黑色實體與上影線為「空方」所主導的力量，形成「賣壓」（詳見圖4-1）。

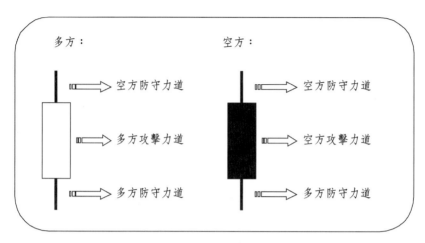

圖4-1　單一K線研判多空

二、表達力道

K線表達力道的方式如下：

1.氣勢線與整理線

K線本身實體的長短，代表一種「動能」。依據K線實體的長短，可將K線分為「氣勢線」與「整理線」兩類。

(1)氣勢線

K線實體如果**很長**，充滿著動能，是氣勢很旺的線形，稱為「氣勢線」。代表多空雙方氣勢的線形，在多方稱為「中長紅」；在空方，稱為「中長黑」。

　(a)多方氣勢線：中長紅

中長紅K線代表強烈的漲勢，是**多方攻擊線**，漲勢一出現，多頭氣勢如虹，故稱為「多方氣勢線」。

　(b)空方氣勢線：中長黑

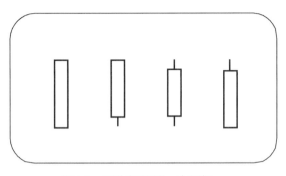

圖4-2　多方氣勢線：中長紅

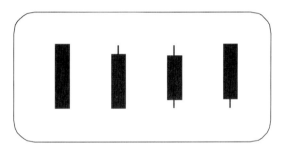

圖4-3　空方氣勢線：中長黑

中長黑K線代表強烈的跌勢，是**空方攻擊線**，跌勢一出現，空頭氣勢旺盛，具有極強的殺傷力，往往使多頭喪膽。在高檔或下跌途中的盤局，出現一根長黑線，會導致追殺而下的局面，故稱為「空方氣勢線」。

(2)整理線

實體部分很小的K線，稱為「整理線」，代表多空雙方呈現拉鋸的中性狀態。整理線包括下列六種。

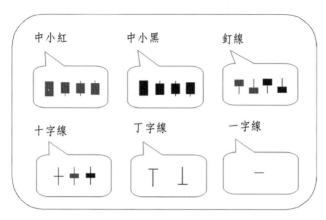

圖4-4　整理線

2.K線的延伸

多方或空方「慣性」的增強，稱為「延伸」。K線的延伸，力道延續，可發展成為波段走勢。

(1)跳線

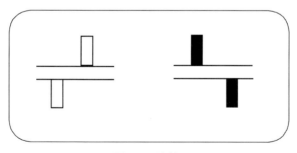

圖4-5　跳線

兩根中長紅K線或中長黑K線，中間帶有「跳空缺口」，稱為「跳線」。

向上跳空，是多方最強勁的氣勢線；向下跳空，是空方最強勁的氣勢線。

(2)連線

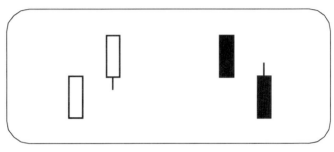

圖4-6　連線

兩根中長紅K線，或兩根中長黑K線，第二根K線的「開盤價」，觸及第一根K線的「收盤價」，且第二根K線都有影線與第一根K線相連，稱為「連線」。

多方的連線，出現在低檔區，力道延伸，是多方的有效攻擊線。空方的連線，出現在高檔區，力道延伸，是空方的有效攻擊線。

(3)插線（插入線）

兩根中長紅K線，第二根K線的開盤價插入第一根K線的實體，開低又往上拉；兩根中長黑K線，第二根K線的開盤價插入第一根K線的實體，開高又往下殺，稱為「插線」。

插線的多空氣勢都在延伸，其在多方或空方的力道，仍然相當強勁。

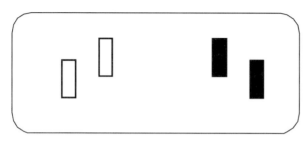

圖4-7　插線

3.量價配合

　　成交量是指特定時間內的交易數量。成交量最大的用途是確認價格行為，反映價格走勢背後的買賣力道。

　　在上升趨勢，成交量是價格的「推升力道」；在下降趨勢，成交量逐步萎縮，投資人只要發現手中持股之下降趨勢已成時，應立即賣出股票，暫且先不要管成交量是如何變化的，因為無法從成交量來判斷其「底部」究竟落在何處。

　　在量價結構中，成交量一方面「確認價格走勢」，另一方面「提供背離訊號」。K線力道的強弱，要看量價結構之實際配合。

三、顯示轉折

1.轉折的意義

　　股價漲跌趨勢的轉變，稱為「轉折」（Reversal）；又稱「反轉」。股價在漲跌過程中，遇到「壓力」（強大的賣壓），就會拉回；遇到「支撐」（強大的買氣），就會反彈，於是形成轉折現象。

　　所以，無論是上升趨勢、下降趨勢、或整理趨勢，**任何兩種趨勢之交接**，均會出現轉折。

　　每一次轉折，都是**財富重分配的開始**。因此，抓住「轉折」，就抓住「財富」。

2.出頭轉折

　　在下跌趨勢中，股價止跌向上，稱為「出頭轉折」，又稱「底部轉折」。

　　(1)出頭弱勢轉折

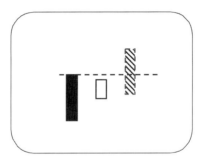

圖4-8　出頭弱勢轉折

　　在下降趨勢的末端，股價跌深，一根「中長黑K線」之後，出現一根「中小紅K線」，而且孕育在中長黑K線之中。顯示先前跌勢已趨緩和，價格即將變盤轉折，是「弱勢出頭轉折」訊號。

　　弱勢轉折，需要隔日K線的確認。隔日K線如果開低走高收紅，是一根出頭的轉折K線，則形成有效的轉折。

　　(2)出頭常態轉折

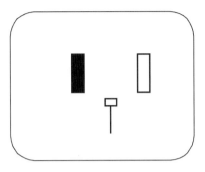

圖4-9　常態出頭轉折

　　在下降趨勢的末端，第一根「中長黑K線」出現時，市場仍然處於跌勢中，空頭居於主導地位；隨後出現實體很小的「變盤線」或「止跌K線」，代表空方已經沒有能力繼續壓低價格，股價觸底止跌；第三根「中長紅K線」為出頭的轉折K線，代表多方已經取得控制權，趨勢有機會「由空轉多」。這是最典型的多頭轉折模式，稱為「常態出頭轉折」。

　　(3)出頭強勢轉折

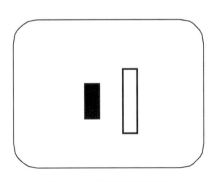

圖4-10　強勢出頭轉折

　　在下降趨勢的末端，第一根K線是「小黑K線」；第二根K線是「長紅K線」，開低收高，既落尾又出頭，其「紅線實體」完全吞噬第一根「黑線實體」，形成「多方吞噬」（Bullish Engulfing），象徵著買進的力道，超過賣壓，預示股價即將轉折向上，是「強勢出頭轉折」訊號。

3.落尾轉折

　　在上升趨勢中，股價止漲向下，稱為「落尾轉折」；又稱「頭部轉折」。

　　(1)弱勢落尾轉折

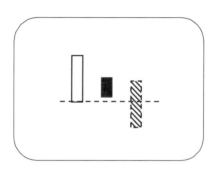

圖4-11　弱勢落尾轉折

　　在頭部或上升趨勢的末端，一根「中長紅K線」之後，出現一根「中小黑K線」，而且孕育在中長紅K線之中，顯示先前漲勢已趨緩和，股價將變盤轉折，是「弱勢落尾轉折」訊號。

　　弱勢轉折，需要隔日的K線確認。隔日K線如果開低收黑，是一根落尾的轉折K線，則形成有效的轉折。

　　(2)常態落尾轉折

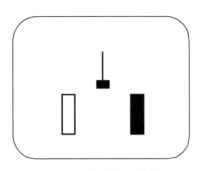

圖4-12　常態落尾轉折

　　在頭部或上漲趨勢的末端，第一根「中長紅K線」出現時，市場仍然處於漲勢中，多頭居於主導地位。隨後出現第二根往上跳空的「變盤線」或「止漲K線」，表示多頭的攻擊力道已經減弱，在高檔多空拉鋸，將變盤易位。第三根「中長黑K線」為「落尾的轉折」，表示市場的多空力道，已經易位，趨勢有機會「由多翻空」。這是最典型的空頭轉折模式，稱為「常態落尾轉折」。

　　(3)強勢落尾轉折

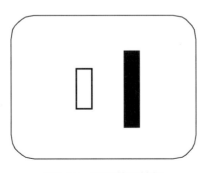

圖4-13　強勢落尾轉折

在頭部或上升走勢的末端，第一根K線是「中小紅K線」；第二根K線是「長黑K線」，開高收低，既出頭又落尾，其「陰線實體」完全吞噬前一根中小紅K線的「陽線實體」，形成「空方吞噬」（Bearish Engulfing），暗示短多即將結束，趨勢將轉折向下，是「強勢落尾轉折」訊號。

■ 4.3-3　K線出頭戰法

股價漲跌趨勢**轉變的點位**，稱為「轉折點」。掌握轉折點，可幫助投資人買到股價起漲的「最低價」；賣到股價起跌的「最高價」。

K線「出頭落尾戰法」，是K線最基本的操作方法，為一切**技術分析之入門戰法**。能夠既安全又穩當的掌握行情啟動的第一時間，採取正確的行動。

首先，探討「K線出頭戰法」。趨勢的轉折，通常分為三個階段，逐步進行。K線出頭戰法，探討**底部轉折**；又稱「出頭轉折」，其轉折過程包括：(1)止跌；(2)出頭轉折；(3)轉強。

一、止跌

在下跌趨勢中，出現「止跌訊號」，股價止跌。止跌訊號有二：

1.止跌K線

在一段明確的下降趨勢之後，市場進入「超賣區」，在「相對低檔」的位置，或「創新低價」的位置，出現長紅K

線、上十字線、蜻蜓十字（丁字線）、鎚子線、倒鎚線等**止跌K線**，表示下檔有強勁的支撐，先前的跌勢即將結束，是「止跌訊號」。

2.變盤K線

在一段明確的下降趨勢之後，出現十字線、紡錘線等變盤K線，是一種重要的**變盤訊號**。變盤K線若伴隨「巨大量」或「極小量」，表示趨勢將有重大轉變。變盤K線出現在底部，具有「空轉多」的涵義，是觸底反彈的「底部訊號」。

二、出頭轉折

今日K線的高點，突破昨日K線的高點（即高創新高），且今日K線的低點，高於昨日K線的低點（即低點提升或低點墊高），稱為「出頭」。即

$$Ht > H_{t-1}，且 Lt > L_{t-1}$$

在小波段下跌走勢中，K線持續創新低達3天以上。當K線第一次出現**突破前一日K線的高點**，稱為「K線轉折」；又稱「K線出頭」。K線（股價）出頭作表態，形成「出頭轉折」。

在下跌波中，出頭轉折K線以「紅K線」較佳；若為「黑K線」，則應「收盤收高」。

出頭轉折K線出現，顯示股價走勢將轉折向上，可能是一波漲勢的開始，是短線的「買進訊號」，可於收盤前酌量逢低買進。

出頭轉折K線之低點是「支撐點」，也是「買點」，穩健的

投資人可在出頭轉折K線之低點「減兩碼」設停損。

三、轉強

　　在出頭轉折K線的高點和低點劃頸線，高點的頸線為「壓力」；低點的頸線為「支撐」。未來股價突破壓力轉強；跌破支撐轉弱。

　　在下跌波中，出現出頭轉折K線後，若隔天股價再創新高，突破出頭轉折K線的高點，表示短線轉強，趨勢有機會「由空轉多」。突破出頭轉折K線高點（壓力）的K線，稱為「軋空K線」；又稱「攻擊K線」。

　　軋空K線是小波段軋空的起漲點，也是「**加碼點**」。未來股價伴隨攻擊量持續上漲，若突破末跌段的高點（末跌高），則趨勢「由空轉多」，獲得確認。爾後股價回檔量縮，逢低就是「買點」。

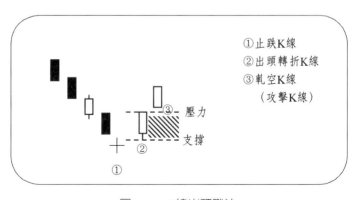

圖4-14　K線出頭戰法

如上所述，在「相對低檔」的位置，或「創新低價」的位置，出現止跌K線，表示下檔有強勁的支撐，先前的跌勢即將結束，有經驗的投資人，可先試算單；隔日K線開高收紅，出現「出頭轉折K線」，其變盤轉折的訊號，獲得確認，投資人可掌握轉折契機，順勢作多，是「買點」；第3天股價若再創新高，突破「出頭轉折K線」的高點，表示短線轉強，是小波段軋空的起漲點，也是「**加碼點**」。

■ 4.3-4　K線落尾戰法

K線落尾戰法，探討頭部轉折；又稱「落尾轉折」，其轉折過程包括(1)止漲；(2)落尾轉折；(3)轉弱。

一、止漲

在上漲趨勢中，出現「止漲訊號」，股價止漲。止漲訊號有二：

1.止漲K線

在一段明確的上升趨勢之後，市場進入「超買區」，在「相對高檔的位置」或是「創新高價」的位置，出現長黑K線、下十字線、墓碑十字（倒丁字線）、吊人線、流星線等止漲K線，表示上檔的賣壓強勁，先前的漲勢即將結束，是「止漲訊號」。

2.變盤K線

在一段明確的上升趨勢之後，出現十字線、紡錘線等變盤K

線，是一種重要的變盤訊號。尤其是變盤線伴隨「巨大量」，更顯示趨勢將有重大轉變。變盤K線出現在頭部，具有「多轉空」的涵義，是見頂回落的「頭部訊號」。

二、落尾轉折

今日K線的低點，跌破昨日K線的低點（低創新低），且今日K線的高點，低於昨日K線的高點（高不過高），稱為「落尾」。即

$$Lt < L_{t-1}，且Ht < H_{t-1}$$

在小波段上漲走勢中，K線持續創新高達3天以上。當K線第一次出現跌破前一日的低點，稱為「K線轉折」；又稱「K線落尾」。K線（股價）落尾作表態，形成「落尾轉折」。

在上漲波中，落尾轉折K線以「黑K線」較佳；若為「紅K線」，則應「收盤收低」。

落尾轉折K線出現，顯示股價走勢將轉折向下，可能是一波跌勢的開始，是短線的「賣出訊號」，可於收盤前逢高調節。

落尾轉折K線之高點，是「壓力點」，也是「**空點**」。穩健的投資人可在落尾K線之高點加兩碼，設停損。

三、轉弱

在落尾轉折K線的高點和低點劃頸線，高點的頸線稱為「壓力」；低點的頸線稱為「支撐」。未來股價突破壓力轉強；跌

破支撐轉弱。

　　在上漲波中，出現落尾轉折K線後，如果隔天股價再創新低，跌破「落尾轉折K線」的低點，表示短線「轉弱」，趨勢有機會「由多轉空」。跌破落尾轉折K線低點的K線，稱為「殺多K線」；又稱「殺盤K線」。

　　殺多K線是小波段殺多的起跌點，也是「加空點」。未來股價續跌，只要每日收盤價未突破前日高點，波段續弱。當末升段的低點（末升低）被跌破，趨勢「由多轉空」，獲得確認。爾後股價反彈，逢高就是「**空點**」。

　　如上所述，在「相對高檔」的位置，或「創新高價」的位置，出現止漲K線，表示上檔的賣壓強勁，先前的漲勢即將結束，有經驗的投資人，可先試單；隔日K線開低收黑，出現「落尾轉折K線」，其變盤走跌的訊號獲得確認，投資人可掌握轉折契機，順勢作空，是「空點」；第3天股價若再創新低，跌破「落尾轉折K線」的低點，表示短線轉弱，是小波段殺多的起跌點，也是「加空點」。

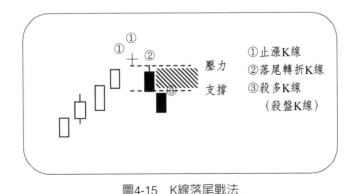

圖4-15　K線落尾戰法

4.4
認購權證的停損與停利

　　認購權證是一種高度財務槓桿的投資工具，獲利可能很驚人，但伴隨的風險也相對很大，因此，**權證操作，必須眼明手快，看好就買，看壞就賣**。當股價向上突破盤整區後，便開始享受坐轎的樂趣；反之，若走勢不如預期，則在可容忍的小幅虧損範圍內，很快地停損出場。因此，投資人的財富，可在獲利時大賺，而在虧損時小賠。不論是獲利或是虧損，投資人都必須清楚**何時出場**。

■ 4.4-1　停損

　　投資人作多，買進股票或權證，若發現點位不對，價格不漲，或股價微幅上揚後又跌破支撐點位，將會有一段跌幅，此時投資人應小賠賣出，稱為「停損」。預設停損點之目的，在於控制風險，使損失停止而不再擴大。

　　投資認購權證，必須嚴密控制行情變化，千萬不可因判錯行情，而長抱權證。因此，操作權證，在確定看錯行情，應謹慎善設停損點，切勿猶豫不決。

■ 4.4-2　停利

投資人買進股票或權證，價格持續上漲，可逐日累積投資利潤。當行進中的價格**遇壓轉弱**，或既有的趨勢即將修正，便須斷然**賣出**，實現獲利，稱為「停利」。事實上，停利點就是價格上漲一波之後的「波段獲利點」。預設停利點之目的，也是在於控制風險，保護每一筆交易的既有獲利。

認購權證是一種「衍生性金融商品」，因此，其漲跌變化，與特定「標的股票」的漲跌息息相關。標的股票價格的任何波動，均會對權證的價格，造成立即的影響。

認購權證比標的股票更敏感，更容易大漲大跌，其出場「停利點」由標的股票本身的點位來決定。當標的股票上漲一段後，認購權證常會有噴出走勢，一旦**股價轉弱**，或**進入整理走勢**（即使沒有下跌），是**認購權證的出場時機**，應該當機立斷，儘快賣出權。投資人務必牢記：股價一旦**反轉**，手上認購權證必須立刻**獲利賣出**。其研判方法如下：

1.收盤價跌破3MA。

2.收盤價跌破3MA時，柱狀圖開始「縮頭」。

3.收盤價跌破3MA時，KD指標出現「死亡交叉」。

第 5 章

認購權證價值評估

投資人購買認購權證之前，應對認購權證的「理論價值」予以評估，以**判斷**是否具有投資價值。若認購權證價格，大於其理論價值時，就值得投資；若認購權證價格，小於其理論價值，則不值得投資。

認購權證理論價值是高估或低估，可檢視下列各項「權證參數」，來判斷權證價格的高低。事實上，這些權證參數是瞭解認購權證，乃至於未來投資認購權證時的重要評估工具。

本章係以認購權的內含價值、溢價比率、Delta值、槓桿倍數及波動率，來判斷（評估）認購權證的投資價值。

5.1
以內含價值來評估權證價值

標的股票價格減去認購權證的履約價格，就是認購權證的**內含價值**。例如，購買履約價格65元的認購權證，當標的股票價格為90元時，該認購權證的內含價值就是25元。

內含價值是**現在履約**將產生的價值，乃決定認購權證價值最重要的指標。對是否要購買認購權證，具有重要的參考性。尤其對於保守型的投資人，在決定投資策略時，更是重要。

隨著認購權證所處狀態的不同，內含價值也會有所變化。對認購權證而言，當標的股票價格大於履約價格時，內含價值大於零，稱為「價內」；標的股票價格小於履約價格時，內含價值小於零，稱為「價外」；標的股票價格等於履約價格時，內含價值等於零，稱為「價平」。（見表5-1）

表5-1 認購權證內含價值比較

關係	內含價值	認購權證的狀態
標的股票價格 > 履約價格	內含價值 > 0	價內（In-the-money）
標的股票價格 = 履約價格	內含價值 = 0	價平（At-the-money）
標的股票價格 < 履約價格	內含價值 < 0	價外（Out-the-money）

假設「標的股票價格」為S，「履約價格」為E，則內含價值有下列三種情況：

一、價內認購權證

若$S - E > 0$，表示認購權證處於價內狀態，數字越大，越是「深入價內」。價內權證具有「內含價值」，買方如果執行權利，有利可圖。認購權證發行時，若履約價格低於前一天標的股票收盤價，稱為「價內認購權證」。

由於在價內，表示權證具有「內含價值」，因此，權利金的訂定，比價外與價平權證來得高。站在投資人的立場來看，只有「價內」的認購權證，才有投資的價值。

價內認購權證的特色是時間價值衰減速度較慢，權證價格較高，溢價比率相對較低，成本槓桿倍數較低，認購權證價格的漲跌幅度，和標的股票價格的漲跌幅度非常接近。投資人買進價內認購權證，會**比較安全**（風險較小），對於保守型的投資人而言，價內認購權證是不錯的選擇。

二、價平認購權證

若S－E＝0，表示認購權證處於價平狀態。此時「內含價值」為零。認購權證發行時，若履約價格等於前一天標的股票收盤價，稱為「價平認購權證」。

價平認購權證的特色是權證價格比較便宜，成本槓桿倍數也較大，但溢價比率則相對較高，未來標的股票價格要上漲到損益平衡點，所需的漲幅比價內認購權證大。

價平認購權證，由於不具有內含價值（內含價值等於零），此時認購權證所有價值，都是**時間價值**。投資人願意買進認購權證，主要是**預期**未來標的股票價格**會上漲**，使得認購權證能夠**進入價內**，所以買進價平認購權證，是比較**具進取性**的投資操作。

三、價外認購權證

若S－E＜0，表示認購權證處於價外狀態。此時認購權證沒有內含價值，所有價值都是「時間價值」，該類認購權證完全沒有履約換股的利益可言。認購權證發行時，若**履約價格**高於前一天**標的股票收盤價**的某一百分比，如10%、20%、30%……等，稱為「價外認購權證」。

1.優點

隨價外程度的不同，權利金訂價就有所不同，較價內及價平的認購權證便宜，越價外就越便宜，此為多頭階段最受歡迎的權證類型。其優點為：

(1)**權證價格**低，價外越深，權證價格就越便宜，投資人付出的資金成本越低。

(2)**成本槓桿倍數**高，短線爆發力強，短線獲利率高。

2.**缺點**

(1)**溢價比率**高，標的股票價格要漲到**損益平衡點**所需的漲幅較大。

(2)**時間價值衰減**極為迅速，一旦標的股票不漲或陷入盤整，持有權證的風險，相對較高。

價外認購權證，適合在「標的股票」具爆發性飆漲時買進。所以買進價外認購權證，是非常看好標的股票未來走勢的短線投機操作者。當標的股票發生一段不小漲幅，標的股票價格就有機會高於履約價格，由價外變成價內，使買到價外認購權證的投資人賺翻天。

以認購權證的「內含價值」，來**判斷**認購權證的投資價值，是最簡單的方法。一般而言，屬於「價內」的認購權證，因為具有內含價值，所以比較安全（風險較小）；雖然價格比較貴，但損益平衡點較低，適合**保守**的投資人。

處於「價外」的認購權證，由於不具有內含價值，權證價格比較便宜，損益平衡點比較高。這種認購權證，適合在短時間內**積極看多**標的股票走勢的投資人。如果對標的股票的判斷正確，而且操作得宜，報酬率將相當可觀。

投資人以認購權證的內含價值，來判斷權證的投資價值時，若能兼顧到溢價比率、Delta值、槓桿倍數、波動率等，將

可獲得較佳的效果。

5.2
以溢價比率來評估權證價值

■ 5.2-1　溢價

　　投資人購買認購權證而且立即履約，其所支付的總金額（認購權證價格+履約價格），超過**標的股票價格**的部分，稱為「溢價」（Premium）。

　　理論上，認購權證的交易價格，應該就是它的「內含價值」。可是，有些投資人相信，標的股票的價格，未來有可能比履約價格更高的**成長空間**，因此，願意付出更多的錢購買認購權證，該認購權證的價格，就會**大於內含價值**。所以，認購權證價格，超過內含價值的部分，就是「**溢價**」；也是投資人買進權證時，願意付出的**時間價值**。換言之，溢價是投資人購買「認購權證」較直接購買「標的股票」，所需**額外付出的費用**。

　　溢價的計算式如下：

溢價＝（認購權證價格＋履約價格）－標的股票價格

　　　＝認購權證價格－（標的股票價格－履約價格）

　　　＝認購權證價格－內含價值

　　　＝時間價值

　　由於認購權證具有**時間價值**，幾乎所有的認購權證，都是**溢價發行**。就投資人而言，溢價越低越好。

■ 5.2-2　溢價比率

　　溢價佔**標的股票價格**的比率，稱為「溢價比率」（Premium Ratio）。其計算式如下：

$$溢價比率 = \frac{溢價}{標的股票價格} \times 100$$

$$= \frac{時間價值}{標的股票價格} \times 100$$

　　上式的分子，正是權證的「時間價值」；上式的分母，以「標的股票價格」為衡量基準。溢價比率就是「時間價值」佔「標的股票價格」的比率。乃是比較投資人購買權證與購買標的股票的相對成本。

　　行使比例代表一單位「標的股票」，可由多少單位「認購權證」來履約買進。依據交易所規定，目前發行的認購權證，行使比例有1：1、1：0.5、1：0.2、1：0.1、1：0.01等多種規格。考慮行使比例之後，溢價比率的計算公式如下：

溢價比率

$$=\frac{[（認購權證價格／行使比例）＋履約價格]－標的股票價格}{標的股票價格} \times 100$$

　　溢價比率是由發行人依據權證的發行期限、發行人的資金成本、標的股票價格波動率來訂定，當然最重要的是參考市場上其他權證的水準與預售狀況來決定。

　　溢價比率的涵義有三：

1.溢價比率是標的股票價格在到期日之前，要達到損益平衡時必須上漲的幅度

　　溢價比率代表投資人買進權證，若要達到「損益平衡」，標的股票價格在到期日之前，必須上漲的幅度。所以，溢價比率亦代表投資人**多付出的成本**。權證若具有較低溢價比率，表示投資人付出的成本越低，對投資人而言，較具投資價值。

2.溢價比率是投資人買進權證時，願意付出之時間價值的比率

　　溢價正是權證的**時間價值**。投資人購買一支權證，其內含價值代表投資人**看得到的報酬**；而時間價值則是投資人**預期的報酬**。因此，用時間價值來衡量投資人多付出的成本，是合理的。

　　溢價比率表示該權證在未來具有相當上漲的潛力。所以，投資人願意付出相對較高的時間價值來等待。溢價比率亦表示時間價值的比率。溢價比率越高，代表這支權證時間價值所佔的比重越高。

3.溢價比率是權證的持有人，將權證換成標的股票，且立即賣出，所產生的損失

　　溢價比率越高，投資人執行換股權利的可能性越低，損失的可能性也越大；反之，溢價比率越低，投資人執行換股權利的可能性就越高，獲利的機會也越大。所以，權證具有高溢價比率，對投資人不利，因為現在若將權證換成標的股票，且立即賣出，所產生的損失較大。一般合理的「溢價比率」，不應超過20%，超過則較不具投資價值。

　　以溢價比率來評估權證價值的高低，還須搭配**內含價值**，才能在不同條件下，比較相同標的股票權證的投資價值。例如，日盛證券公司於86年8月1日發行友達認購權證，其價格變化如表5-2。

表5-2　內含價值與溢價比率

日期	8月1日	9月1日	10月1日
標的股票價格	80	86	78
履約價格	80	80	80
權證價格	16	21	15
溢價比率（%）	20.0	17.4	21.8

　　在不同時點，其溢價比率可計算如下：

$$8月1日溢價比率 = \frac{16+80-80}{80} = 16 \div 80 = 20.0\%$$

$$9 \text{ 月 } 1 \text{ 日溢價比率} = \frac{21 + 80 - 86}{86} = 15 \div 86 = 17.4\%$$

$$10 \text{ 月 } 1 \text{ 日溢價比率} = \frac{15 + 80 - 78}{78} = 17 \div 78 = 21.8\%$$

　　由上例可知,當權證處於「價內」時(9月1日),溢價比率較低;當權證處於「價外」時(10月1日),溢價比率較高。

　　在投資低溢價比率的權證時,需檢視其是否因為「價內」的緣故。**價內的權證,溢價比率較低;價外的權證,溢價比率較高。**如此,對認購權證價格的評估,才不會判斷失真。

5.3
以Delta值來評估權證價值

　　標的股票價格的變動,對**權證價格**的影響力最大。因此,認購權證價格與標的股票價格,具有很高的連動性(互動關係)。Delta值係衡量「認購權證價格」對「標的股票價格」變動的敏感度。

　　在其他條件不變之下,標的股票價格每變動一個單位,認購權證價格跟隨變動的幅度,稱為Delta值;又稱為「對沖比率」或「避險比率」。其計算式如下:

$$\text{Delta 值} = \frac{\Delta W}{\Delta S} = \frac{\text{認購權證價格變動幅度}}{\text{標的股票價格變動幅度}}$$

Δ代表變動幅度（為本期減去上期之意）

W代表認購權證價格

S代表標的股票價格

Delta值介於0與1之間。當標的股票價格遠高於履約價格，價內程度超過20%，形成「深入價內」狀態時，Delta值將趨近於1，此時標的股票漲1元，權證也會跟著漲1元，表示認購權證價格對標的股票價格變動的敏感度很高。

當標的股票價格遠低於履約價格，價外程度超過20%，形成「深入價外」狀態時，Delta值將趨近於0，此時標的股票價格雖然上漲，但權證價格可能仍在原地踏步，表示認購權證價格對標的股票價格變動的敏感度很低。而「價平」的認購權證，其Delta的絕對值，則是接近於0.5。

假設群益證券發行聯電認購權證，聯電股價由30元上漲到40元，聯電認購權證價格由5元漲到10元，依照Delta值的計算公式，Delta值為0.5。

$$\text{Delta 值} = \frac{10\,元 - 5\,元}{40\,元 - 30\,元} = 0.5$$

將聯電股票和聯電認購權證相比較，每一單位聯電認購權證的漲幅，只有聯電股票的一半。換句話說，認購權證價格對標的股票價格的敏感度，只有50%。

Delta值是認購權證風險控管中最重要的指標。主要係應用於下列三種情況：

一、一般投資人用於挑選獲利性高的股票

　　投資人若預期標的股票價格將會上漲，則會買進Delta值較大的認購權證，其漲幅會較高，以增加獲利的可能性。通常越價外的權證，Delta值越低；越價內的權證，Delta值越高。

二、發行認購權證證券公司的避險操作

　　發行認購權證的證券公司，運用Delta值，決定進場買賣所發行權證的標的股票的數量，以規避標的股票的價格風險。

　　發行公司為因應認購權證持有人隨時可能的履約要求，必須在發行前依據Delta值建立其避險部位，使得其整體部位的損益，不致變動過大。

　　例如，元大P3認購權證的發行量為20,000張，如果當時的Delta值是0.6，則發行公司必須於發行前在市場買進12,000張的中強光電（5371）股票，以建立部位，而且可能是不計代價，以致推升了現股行情，這就是所謂「權證行情」的由來。

　　一旦權證開始掛牌交易後，發行公司會隨著Delta值之變動而調整其部位，股價越高越是買進；反之，股價越低越是賣出，追漲殺跌的避險操作，無形中也加大了標的股票的風險性。

三、將Delta值視為一種機率值，可以幫助衡量權證到期時能夠成為價內的機率有多大

　　若一支認購權證的Delta值為0.5，表示到期時有50%的機率成為價內；有50%的機率成為價外。若Delta值接近於1時，表示

認購權證到期時，維持於價內的機率相當高；若Delta值接近於0時，則表示認購權證到期時，變成價內的機率幾乎為零。

5.4
以槓桿倍數來評估權證價值

相較於投資「股票」而言，認購權證是一種「以小搏大」的金融商品，只要少量的投資金額，就可以得到與投資股票相同的獲利，甚至可以獲得投資金額數倍的利潤。這種特性，稱為「槓桿效果」。

槓桿效果越大，表示投入較少的投資額，可能獲得更大的獲利潛力，但風險也隨之升高。反之，槓桿效果越小，獲利的潛力越小，風險也越小。

衡量槓桿效果，必須瞭解槓桿倍數、Delta值與實質槓桿倍數。

■ 5.4-1　槓桿倍數

相同的一筆錢，可以用來投資「股票」，也可以用來投資該標的股票的「認購權證」。由於認購權證每個單位的價格較低，可以比投資股票買到更多數量。用買股票的錢，拿來買權證，所能買到的倍數，就是「槓桿倍數」。因此，標的股票價格除以認購權證價格的倍數，稱為「槓桿倍數」（Gearing或Leverage）。事實上，槓桿倍數乃是投資認購權證時，資金成本

的融資成數，又稱為「成本槓桿倍數」。其計算式如下：

$$槓桿倍數 = \frac{標的股票價格}{認購權證價格 / 行使比率}$$

　　槓桿倍數代表資金運用的效率，倍數越高，效率越高。在多頭市場，認購權證的槓桿倍數越高，代表投資人可應用槓桿效果越大，以小搏大的成功機率越高。一般而言，認購權證的「槓桿倍數」，約在3倍至6倍之間。槓桿倍數會隨標的股票價格上漲而變小（因為標的股票價格上漲時，權證價格的漲幅，通常大於標的股票價格的漲幅），隨標的股票價格下跌而變大。處於「價外」的認購權證，其槓桿倍數較高。

　　假設認購權證發行時，標的股票價格為90元，認購權證價格（權利金）為15元，那麼槓桿的倍數就是6倍。

$$槓桿倍數 = 90元 \div 15元 = 6（倍）$$

　　在任何時點，都可以計算某一支權證的槓桿倍數，並大致地判斷其價格是否合理。例如，群益證券公司發行聯電認購權證，其價格變化如表5-3。

表5-3　認購權證槓桿倍數

日　期	3月1日	4月1日	5月1日
標的股票價格	90	100	80
認購權證價格	15	20	10
槓桿倍數	6	5	8

槓桿倍數所代表的意義是指在3月1日時，購買1張聯電股票的錢，可以買到6張聯電的認購權證。到了4月1日，1張聯電的股票價格，只能買到5張聯電權證。

3月1日到4月1日，購買「現股」的獲利為：

$(100 - 90) \div 90 = 11.11\%$

而購買「權證」的獲利是：

$(20 - 15) \div 15 = 33.33\%$

所以，買權證的獲利，是買標的股票的3倍。

$33.33 \div 11.11 = 3$倍

5.4-2　Delta值

為計算「實質槓桿倍數」，必須先瞭解Delta值的觀念。Delta值是**標的股票價格**變動1元時，**權證價格**伴隨變動的金額。其計算式如下：

$$\text{Delta 值} = \frac{\text{認購權證價格變動幅度}}{\text{標的股票價格變動幅度}}$$

　　Delta值介於0與1之間,權證的Delta值,會隨標的股票價格的變動而變動。當標的股票價格遠高於履約價格,價內程度超過20%,形成「深入價內」狀態時,Delta值將趨近於1,此時標的股票價格上漲1元,權證價格也會跟著上漲1元;當標的股票價格遠低於履約價格,價外程度超過20%,形成「深入價外」狀態時,Delta值將趨近於0,此時標的股票價格雖然上漲,但權證價格可能仍在原地踏步。

　　假設群益證券發行聯電認購權證,聯電股價由30元上漲到40元,聯電認購權證價格由5元漲到10元,依照Delta的計算式,Delta值為0.5。

$$\text{Delta 值} = \frac{10\,\text{元} - 5\,\text{元}}{40\,\text{元} - 30\,\text{元}} = 0.5$$

■ 5.4-3　實質槓桿倍數

　　實質槓桿倍數係用來衡量權證的獲利槓桿倍數。

　　當標的股票價格上漲1元時,投資於一股股票,就可以賺得1元,用相同於投資股票的金額,可以投資較多數量的認購權證,也會因標的股票上漲而獲利。衡量標的股票價格每變動一個百分點,認購權證價格實質變動的百分率,稱為「實質槓桿倍數」(Effective Leverage)。實質槓桿倍數,就是槓桿倍數乘以Delta值。這是真正用來衡量投資認購權證的實際獲利倍數。

其計算式如下：

$$實質槓桿倍數 = 槓桿倍數 \times Delta$$
$$= \frac{標的股票價格}{認購權證價格 / 行使比率} \times Delta$$

當標的股票價格變動時，投資人可以由「實質槓桿倍數」推算出所投資認購權證價格的變動狀況。實質槓桿倍數越高的認購權證，標的股票價格發生變動時，認購權證價格變動越大。

假設某一認購權證價格15元，其標的股票價格為90元，則「槓桿倍數」為6倍。

槓桿倍數 = 90元 ÷ 15元 = 6（倍）

投資人持有90元準備投資，若選擇買股票，只能買到一股；若選擇買認購權證，則可以購買6單位。比率越大，表示認購權證相對於股票的價格越便宜，獲利可能比較高，風險也可能比較大。

假設此認購權證的Delta值為0.5，則

實質槓桿倍數 = (90 ÷ 15) × 0.5 = 3（倍）

當股價上漲1元時，持有一股股票可賺得1元，若選擇買認購權證，則可以買6單位，獲利約為3元，實際槓桿倍數為3倍；反之，當股價下跌時，損失也約為3元，實質槓桿倍數越大，獲利和風險都會變大，買認購權證的風險和獲利，可能為投資股票的3倍。

可是，由於Delta值隨時都在變動，實質槓桿倍數也隨時跟著變動。例如，群益證券公司發行聯電認購權證，履約價格為90元，其標的股票價格變化如表5-4。

表5-4　認購權證實質槓桿倍數

項　目	3月1日	4月1日	5月1日
標的股票價格	90	100	80
認購權證價格	15	20	10
Delta	0.6	0.8	0.4
槓桿倍數	6.0	5.0	8.0
實質槓桿倍數	3.6	4.0	3.2

在5月1日時，權證處於價外狀態，雖然槓桿倍數高達8.0倍，但因Delta值僅0.4，所以實質槓桿倍數僅有3.2倍。投資人必須瞭解，切勿因權證價格便宜，「槓桿倍數」大，就以為「實質槓桿倍數」也大。

由於權證的「實質槓桿倍數」較高，具有「以小搏大」的特性，因此，在行情判斷正確時，會使其報酬率較標的股票放大數倍。當股市處於多頭行情，若投資人懂得操作認購權證，想必常常能夠享受一天飆漲三、四成的快感，因此，認購權證是「多頭」行情不可錯過的投資管道，值得投資人好好把握，以擴大戰果。

5.5
以波動率來評估權證價值

波動率（Volatility）是指標的股票價格維持在某一平均價格的標準差（Standard Deviation），用此來衡量標的股票價格的波動幅度。

當波動率增加時，標的股票價格表現極好或極差的機率，均會增加。對於「標的股票」的持有人而言，價格上升時可以獲利，價格下跌時會面臨虧損。而對於「認購權證」的持有人而言，在標的股票價格上升時可以獲利；而在標的股票價格下跌時，則僅面臨相對有限的風險，其風險即為已付的權利金。

評估波動率有二項方法，即歷史波動率及隱含波動率。

5.5-1　歷史波動率

根據過去某段期間標的股票價格歷史資料計算出來的價格波動率，稱為「歷史波動率」（Historic Volatility）。歷史波動率乃是標的股票價格過去一年的波動幅度。歷史波動率越高，代表過去一年股價上下波動越大。

歷史波動率是擷取標的股票過去一段（通常是一年）價格，算出它的波動性，以瞭解標的股票在過去一段時間之內，股價的活潑程度，作為未來股價波幅的預測。通常拿來與隱含波動率作比較。

■ 5.5-2　隱含波動率

　　根據權證市價反推之標的股票價格預期波動率，稱為「隱含波動率」（Implied Volatility）。

　　隱含波動率代表認購權證的價格。條件相似下，隱含波動率越小，認購權證價格相對越便宜。認購權證的隱含波動率與歷史波動率之間的差距，可以當作認購權證價格是否被高估的依據。通常隱含波動率大於歷史波動率，如果有兩支相同標的股票的權證A與B，若A權證的隱含波動率與歷史波動率的差距大於B權證，則表示A權證的價格，有被高估之嫌。投資人可利用隱含波動率來評估權證的合理價格，以免買到高估的權證。

　　由隱含波動率來挑選權證，那就買所有「相同標的」中，隱含波動率最低的權證。如果一檔認購權證的隱含波動率很高，可能表示認購權證較貴，但若是它一直以來隱含波動率都很高，可能代表這檔權證很受市場歡迎，得以享受較高隱含波動率，不代表不能投資。

　　用隱含波動率判斷認購權證值不值得購買，最好搭配觀察它過去一段時間的隱含波動率，如果認購權證之隱含波動率一直都很高，可能表示其「高貴不貴」。如果認購權證之隱含波動率一直都很低，有可能是「便宜沒好貨」。

　　如上所述，內含價值、溢價比率、Delta值、槓桿倍數、波動率等，乃是投資人瞭解認購權證，評估認購權證是否具有投資價值，最重要的指標。

第 **6** 章

認購權證履約結算

將認購權證**獲利了結**，可以採用履約結算或在市場上直接賣出。這兩種交易方法都有不同的市場環境與背景，投資人必須對這兩種方式的作業流程有深入的瞭解，才能運用裕如，選取最合適的獲利策略。

本章係探討投資人購買認購權證後，欲獲利了結所涉及的「履約結算」與「直接賣出」等課題，包括認購權證的履約結算、證券給付與現金結算的優缺點、認購權證請求履約之程序、認購權證的履約與賣出，及標的股票的除權除息。

6.1
認購權證的履約結算

認購權證持有人，執行買賣**標的股票**的權利，稱為「履約」。履約是認購權證非常重要的環節，如果投資人購買的是**美式認購權證**，則可以在任何時點，向發行人申請履約。

認購權證的履約，有以下三個重點：

1.型態：可分為「到期履約」與「提前履約」。

2.方式：可分為「主動申請」與「自動執行」。

3.結算：可分為「現金結算」與「證券給付」。

上述三項因素，可整理成表6-1。

表6-1　認購權證的履約

結算 方式 ＼ 型態	到期履約	提前履約
現金結算	自動執行	主動申請
證券給付	主動申請	主動申請

一、到期履約與提前履約

　　一般的情況都是到期履約；提前履約屬於特殊狀況，投資人有需求才主動提出申請。

二、主動申請與自動執行

　　權證到期時，對於採現金結算的認購權證，如果具有履約價值，交易所於到期日當天，將直接代辦履約作業，「自動執行」履約程序，**自動計算**該認購權證的履約價值。

　　權證到期時，若規定為證券給付或由證券公司二者選一時，必須由投資人**主動**向委託買賣券商提出申請，否則即視為棄權，投資人必須特別留意。

三、證券給付與現金結算

　　認購權證投資人申請履約時，其結算方式計有下列三種：

1.證券給付

　　認購權證投資人申請履約時，先依契約的履約價格，支付履約金額予發行人；發行人再依約支付「標的股票」給投資人。

$$履約股款＝認購權證履約價格×（權證數量×行使比例）$$

2.現金結算

　　認購權證投資人申請履約時，發行人依照履約申請日「標的股票」的收盤價，計算該收盤價與履約價格的差價，再把其中的價差，乘上申請的權證單位數和行使比例，而以現金方式結算給投資人。

$$履約現金＝（標的股票收盤價－履約價格）$$
$$×（權證數量×行使比例）$$

3.證券給付但發行人得選擇以現金結算方式履約

　　基本上以「證券給付」為優先，但發行人可以選擇「現金結算」方式，取代證券給付。結算方式的選擇權在發行券商。

　　一般來說，**個股型認購權證**，三種方式都有實例；惟仍以第三種為最多，即證券給付，但**發行人得選擇以現金結算**。如到期具履約價值而未申請履約者，發行人將以權證到期日標的股票之收盤價格自動現金結算。

　　至於**組合型及指數型認購權證**，則採用現金結算。此外，**上限型認購權證**也採用現金結算。由於**上限型認購權證**並無法預知到期日，也就是說，無法知道標的股票何時會觸及上限價格，所以主管機關規定，所有上限型認購權證一律採用「現金

結算」。如果上限型權證的標的股票達到上限價，收盤後發行券商會自動幫投資人做履約動作，將股票收盤價和履約價格的差額乘上權證單位數和行使比例，以現金撥給該權證的持有人，投資人不必自己提出履約申請。

如果權證持有人是**華僑、外國人或外國機構**，向發行人請求履約時，一律只能用**現金結算**。

以上的履約結算方式，必須在發行時，即登載於「公開說明書」上，投資人在買賣權證之前，最好先弄清楚該權證的履約結算方式。

6.2
證券給付與現金結算的優缺點

從投資人的觀點去分析，兩種「履約結算方式」各有優缺點（詳見表6-2）。

就「證券給付」方式而言，投資人必須依履約價格，事先準備一筆「資金」（履約股款）應付交割，以取得股票，之後才能在市場賣出，以實現獲利。投資人在資金調度及風險承受上，都較現金結算麻煩，使得多半投資人，較偏好「現金結算」方式。當然，若有特殊目的，必須取得股票者，如**股權行使、現股放空回補**等，則會選擇證券給付方式。

	表6-2　證券給付與現金結算的優缺點	
	優點	缺點
證券給付	1.可以取得股票 2.價格可能較低 3.交易稅俟股票出售時才課徵	1.必須準備資金應付交割 2.必須承擔股票跌價風險 3.到期時必須主動提出履約申請
現金結算	1.不必另外準備資金應付交割 2.不必承擔股票跌價風險 3.到期時交易所自動結算	1.無法取得股票 2.價格可能較高 3.必須先負擔交易稅

　　對投資人而言，兩種結算方式，皆會課稅。只是現金結算者在履約時即先課稅；而證券給付者須等到投資人將股票賣出時，才課稅。

　　理論上，投資人履約的機會並不大，泰半的投資人會在次級市場賣出，實現獲利。因此，履約結算方式，對大多數的投資人，並沒有太大的影響。但是在某些特殊情形下，投資人需要提前履約，或持有至到期時履約，那就要特別留意它的履約結算方式。投資人應在考慮履約之前，先詢問發行公司，有關履約結算的相關規定，仔細衡量利弊得失後，再做動作。

6.3
認購權證請求履約之程序

　　投資人在認購權證規定可以進行履約的時間內，向證券公司提出履約要求，並且到所往來的證券公司填寫**履約申請委託書**，證券公司就會幫你把履約的要求，送到發行認購權證的證

券公司，經過**兩個**工作天就可以完成整個履約程序，投資人即可取得股票或現金。

■ 6.3-1　履約申請方式

履約申請係依證交所營業細則及相關規定辦理。依證券交易所現行規定，持有人應先填具「認購權證履約申請委託書」，委託往來證券經紀商向**交易所**提出委託履約申請，並向證券商預繳**履約所需支付之款項**。交易所規定變更時，依變更後之規定。

■ 6.3-2　履約申請時間

1. 投資人若持有**美式認購權證**，則自上市掛牌之日起，至到期日之期間，皆可申請履約；歐式認購權證，僅能於到期日申請履約。
2. 投資人申請履約，須於買進認購權證之次二個營業日，確定認購權證撥入集保帳戶後，才可申請。
3. 依照規定，投資人提出履約申請的時間，是股市交易日的每天上午9點到下午2點30分為止。證券商提出申請履約截止時間為：每一營業日收盤後至下午2點30分以前（即週一到週五每日下午2點30分前）。

如果投資人已經提出履約申請後卻想撤回申請時，也是在這個時間之前辦理。

■ 6.3-3　履約申請數量

投資人申請履約的數量，必須為1,000單位（即一交易單位）或其整數倍，小於1,000單位的認購權證，不予履約。

■ 6.3-4　履約申請流程

投資人買進的認購權證，如果在到期之前出現履約價值，可向發行人請求履約，申請履約的流程如下：

一、親自到往來券商提出履約申請

二、填寫「認購權證履約申請委託書」

1.勾選「權證行使申請」。
2.填上委託辦理履約的證券公司名稱。
3.填入投資人的集保帳號及戶名。
4.填入要履約的權證代號及權證名稱。
5.填入要履約的權證單位數量。
6.蓋上申請人集保原留印鑑。

三、繳交履約所需的款項

若採「證券給付」者，履約申請時權證持有人應先繳付履約款項。

四、支付相關交易成本

1.手續費

　　不論發行人以「證券給付」或「現金結算」方式履約，均應依交易所規定按「認購權證履約價格乘以標的證券數量」為計算基礎，由證券商依規定費率向委託人收取手續費。

　　(1)計算基準＝認購權證履約價格×標的證券數量

　　(2)費率：證券給付與現金結算，均為0.1425%

　　(3)手續費＝計算基準×費率

2.證交稅

　　採證券給付，無證交稅；採現金結算，證交稅為0.3%。

　　(1)計算基準＝標的證券收盤價×標的證券數量

　　(2)費率：0.3%

　　(3)證交稅＝計算基準×費率

五、證券公司將履約相關資料送往發行券商

六、履約完成，投資人取得股票或現金

　　持有人申請履約的次二個營業日，款項或證券將直接匯入持有人的帳號。

　　例如，林奇美投資以台積電為**標的股票**的A認購權證，其履約價格為60元，履約當天標的股票收盤價是85元，行使比率為0.1，今林奇美決定履約10,000單位A認購權證。若採「證券給付」方式履約，總共需準備多少錢來執行履約？若採「現金結

算」方式履約，可以拿回多少金額？

1.證券給付

投資人購買認購權證，履約時發行人以「證券給付」方式給你標的股票，視同你買進股票，但股票還沒有出脫，所以只要繳付**履約股款**和**手續費**。

(1)計算履約股款（履約認購台積電股票的金額）

履約股款＝認購權證履約價格×標的證券數量（權證數量×行使比例）

＝60元×(10,000單位×0.1)

＝60元×1,000位

＝60,000元

(2)計算履約手續費

履約手續費＝認購權證履約價格×標的證券數量×0.1425%

＝60元×1,000單位×0.001425

＝85.5元

(3)採證券給付，無證交稅

(4)總共要準備金額（履約要付出總金額）

履約總金額＝履約股款＋履約手續費

＝60,000元＋85.5元

＝60,085.5元

2.現金結算

權證在履約時，採「現金結算」方式，等於你已賣出股票，所以除了**手續費**之外，還要繳交**證交稅**。

(1)計算履約金額

履約金額 =（履約當天標的股票收盤價 − 履約價格）×
標的證券數量（權證數量×行使比例）

$$= (85元 − 60元)×(10,000單位×0.1)$$

$$= 25元×1,000單位$$

$$= 25,000元$$

(2)計算履約手續費

履約手費 = 認購權證履約價格×標的證券數量×0.1425%

$$= 60元×1,000單位×0.001425$$

$$= 85.5元$$

(3)計算履約證交稅

履約證交稅 = 標的證券收盤價×標的證券數量×0.3%

$$= 85元×1,000單位×0.003$$

$$= 255元$$

(4)履約可拿回總金額

履約可拿回總金額 = 履約金額 − 手續費 − 證交稅

$$= 25,000元 − 85.5元 − 255元$$

$$= 24,659.5元$$

6.4
認購權證的履約與賣出

　　投資人經由初級市場或次級市場買進認購權證後，**實現獲利**的方式有兩種，一種是申請履約，換成標的股票，賺取標的股票價格和履約價格之間的價差；另一種是直接在市場中賣

出，賺取差價。

■ 6.4-1 履約結算

一、選擇履約結算的情況

　　履約是認購權證持有人執行買賣「標的股票」的權利。當市場上標的股票價格上揚時，權證持有人可選擇履約，付出履約價格，拿回股票，再將所認購的股票，在市場上以較高的價格賣出，獲得利潤。

　　投資人「選擇履約」的情況有二：

1.需要股票

　　投資人需要股票，如股權行使、現股放空回補等。

2.出現套利機會

　　在正常情況下，不論是在集中市場直接賣出認購權證；或是履約換股，再賣出標的股票，應該不會有套利空間。不過在某些特定情況下，也可能出現套利機會。例如，在市場缺乏效率情況下，認購權證發行券商的交易員，對於標的股票的未來走勢，做出不合理的判斷，可能高估或低估標的股票的波動率，而做出不正常的避險動作，造成認購權證價格偏低或偏高。

　　當認購權證的價格，低於認購權證的內含價值，時間價值出現「負值」，產生無風險套利的機會時。投資人便可進行履約換股，再賣掉標的股票獲利。

　　例如，李廣輝投資以瑞儀光電（6176）為標的股票的認購權證，其履約價格為80元，市場上認購權證價格為18元，而標的股票瑞儀光電的價格為100元。此認購權證的內含價值及時間價值，可分別計算如下：

(1)認購權證內含價值＝標的股票價格－認購權證履約價格

$$= 100元－80元＝20元$$

(2)認購權證時間價值＝認購權證價格－內含價值

$$= 18元－20元＝-2元$$

　　此認購權證的履約獲利及賣出獲利，可分別計算如下：

(i)履約獲利＝內含價值＝20元

(ii)賣出獲利＝內含價值＋時間價值

$$= 20元＋(-2)元＝18元$$

　　李廣輝在市場上賣出權證，只獲得18元；若進行履約，由於權證小於內含價值，以80元的履約價格，買進100元的瑞儀光電股票，再到市場上賣出，可賺得20元。

　　理論上，時間價值是一個大於零的數字，如果時間價值出現負值，無風險套利的空間就出現，而在一個效率市場中，時間價值會很快回復到正值。

二、履約的損益計算

　　投資人購買權證後去履約時，其損益計算如下：

> 持有認購權證的損益
>
> ＝標的股票價格－（履約價格＋權證價格）

　　李廣輝買了一個單位聯電認購權證，權證價格（權利金）為4.6元，其履約價格為35元，那麼李廣輝的損益，可計算如表6-3。

表6-3　認購權證履約的損益計算

標的股票價格 （元）	履約價格 （元）	權證價格 （元）	損益 （元）
59.6	35	4.6	＋20
49.6	35	4.6	＋10
39.6	35	4.6	0
29.6	35	4.6	－4.6
19.6	35	4.6	－4.6

　　李廣輝的損益平衡點，為聯電股票價格在39.6元時，只要聯電股票價格的漲幅超過39.6元，李廣輝即獲利；反之，聯電股票價格在39.6元以下，李廣輝頂多損失權證價格4.6元。

6.4-2　直接賣出

一、選擇直接賣出的情況

　　投資人可以選擇直接賣出認購權證的方式，在市場上用較高的價錢，把認購權證賣出去，直接賺取現金。

　　認購權證的價值，由內含價值和時間價值兩部分組成。一

般而言，認購權證就算值得履約，但履約卻可能是不划算的，因為投資人執行履約作業時，就是將權證宣告到期，此乃意味投資人只保有認購權證的內含價值，放棄時間價值；相反的，投資人買進認購權證，多半不會持有至到期或執行履約，而是在標的股票價格走勢達到預期之漲幅後，即於市場上賣出權證，如此可以同時保留內含價值與時間價值，避免權證時間價值遞減所造成之風險。因此，通常選擇直接賣出認購權證較為有利。

履約獲利＝內含價值

賣出獲利＝內含價值＋時間價值

　　例如，蔡彩晶投資以億光電子（2393）為標的股票的認購權證，其履約價格為80元，市場上認購權證價格為22元，而標的股票億光電子的價格為100元。此認購權證的內含價值及時間價值，可分別計算如下：

　　1.認購權證的內含價值＝標的股票價格－認購權證履約價格

　　　　　　　　　　　　＝100元－80元＝20元

　　2.認購權證時間價值＝認購權證價格－內含價格

　　　　　　　　　　＝22元－20元＝2元

此認購權證的履約獲利及賣出獲利，可分別計算如下：

　　(1)履約獲利＝內含價值＝20元

　　(2)賣出獲利＝內含價值＋時間價值

　　　　　　　＝20元＋2元＝22元

　　蔡彩晶直接在市場上賣出權證，可賺得22元；若進行履約，則以80元的價格，買進100元的億光電子股票，再到交易市場上賣出，可賺得20元。顯然直接在市場上賣出權證，較為有利。

　　其次，權證在集中市場賣出的交易稅為千分之一；而履約時需繳交標的股票價格千分之三的交易稅。相較之下，選擇履約，不如直接在集中市場賣出權證。

二、賣出權證的損益計算

　　投資人購買認購權證，不是大戶通常不會去履約。這時毋須煩惱「標的股票」價格，到底漲了多少或跌了多少。只需直接看看該權證掛牌的報價即可。

　　例如，以4.8元買了友達的認購權證之後，友達權證在交易時間裡隨時都有報價。就如同一般股票一樣，權證自己會漲會跌，跟標的股票可能是同步漲跌，但也可能自己有獨立的走勢。

　　持有權證的投資人，只需簡單地看權證的價格，即可知道持有權證的損益。4.8元買進的友達權證，漲到8.6元，即賺3.8元；跌到3.2元，即賠1.6元。投資人不必去想標的股票要漲到多少，才會獲利。

　　投資人買進認購權證後，獲利的方式有兩種，一種是執行履約；另一種是直接在市場上賣出，兩者在性質上略有不同，茲比較如表6-4。

表6-4　認購權證履約與賣出的比較

性質	選擇履約	選擇賣出
執行的對象	透過投資人的往來券商，向認購權證的發行公司提出履約	直接下單，在次級市場賣出
可否取得股票	若為股票交割，履約後可取得股票	不能取得股票
交易成本	手續費	手續費及證交稅
作業程序	需填寫履約申請，作業程序較複雜	手續簡單，與一般股票賣出的程序相同
獲利重點	著眼於內含價值，犧牲時間價值	同時兼顧內含價值及時間價值

6.5
標的股票的除權除息

　　上市公司於每年會計年度終了時，必須就經營成果，辦理結算。如果經營成果良好，該年度賺了錢，就會由董事會開會決定「股利」分配。

　　股利包括「股票股利」與「現金股利」。股票股利簡稱**「股權」**；現金股利簡稱**「股息」**。發行認購權證的證券公司，遇到「標的股票」除權及除息時，會同步**調整**權證「履約條件」中的「履約價格」及「行使比例」，使得權證的價格維持不變，以保障投資人的權益。

　　如果認購權證的發行券商，調整除權、除息時的方式，與現行規定不同時，就必須在公開說明書中說明，提供投資人參

考。投資人遇到標的股票除權及除息時，應該參考公開說明書的內容，俾瞭解其計算方法。

■ 6.5-1　除權

　　上市公司發放「股票股利」給股東，**於除權基準日，將股權從股價中扣除**，稱為「**除權**」。當標的股票進行除權時，股價會下跌，投資人分配到的股票數量也會增加。同時會影響到認購權證的「履約價格」和「行使比例」，因此必須同步調整，將**履約價格往下調低**，讓投資人以較低的價格來履約，換成標的股票；**將行使比例往上調高**，把除權的權值反應出來，其計算步驟如下：

一、計算標的股票「除權參考價格」

$$\text{標的股票除權參考價格} = \frac{\text{除權前一日標的股票收盤價}}{1 + \text{無償配股率}}$$

$$= \frac{\text{除權前一日標的股票收盤價}}{1 + \dfrac{\text{每千股配發股數}}{1{,}000\ \text{股}}}$$

二、計算認購權證調整後「最新履約價格」

認購權證調整後最新履約價格

$=$ 調整前原始履約價格 $\times \dfrac{\text{標的股票除權參考價格}}{\text{除權前一日標的股票收盤價}}$

三、計算調整後「行使比例」

調整後行使比例

$=$ 調整前行使比例 $\times \dfrac{\text{除權前一日標的股票收盤價}}{\text{標的股票除權參考價格}}$

　　蔡彩晶買了一張華碩認購權證，履約價格是80元，行使比例是1，華碩今日股價（收盤價）為60元，明日華碩就要除權。

　　假設華碩決定配發2.5元的股票股利，由於明日除權後，華碩的股價會往下跌，所以「履約價格」會向下調整；而投資人可履約的股數同步增加，權證的「行使比例」將往上調整。其調整步驟如下：

1.計算標的股票除權參考價格

$$\text{標的股票除權參考價格} = \dfrac{60\ \text{元}}{1 + \dfrac{250\ \text{股}}{1{,}000\ \text{股}}} = 48\ \text{元}$$

2.計算認購權證調整後最新履約價格

$$認購權證調整後最新履約價格 = 80元×(48元÷60元)$$
$$= 64元$$

3.計算調整後行使比例

調整後行使比例 = 1×(60元÷48元) = 1.25

華碩股價雖然因為除權而降低，但蔡彩晶手上的認購權證，履約價格往下調低，調整前原始履約價格為80元，調整後最新履約價格為64元。行使比例往上調高，原本「每單位」認購權證，可以轉換「一股」標的股票；調整後每單位認購權證，可以轉換1.25股標的股票。權證的價值，並不受影響。

■ 6.5-2　除息

上市公司發放「現金股利」給股東，於**除息基準日，將股息從股價中扣除，稱爲「除息」**。當標的股票進行除息時，股票數量不會改變，行使比例不必調整；但每一單位的股價會下跌，履約價格必須同步調整。其計算步驟如下：

一、計算標的股票除息參考價格

> 標的股票除息參考價格
> ＝除權前一日標的股票收盤價－現金股利

二、計算認購權證調整後最新履約價格

> 認購權證調整後最新履約價格
> ＝調整前原始履約價格×$\dfrac{標的股票除息參考價格}{除權前一日標的股票收盤價}$

三、行使比例不必調整

假設華碩配發現金股利1元，因為股價會下降，所以履約價格應往下調整；而由於股本不變，所以行使比例不必調整。

1.計算標的股票除息參考價格

標的股票除息參考價格 = 60元 － 1元 = 59元

2.計算認購權證調整後最新履約價格

認購權證調整後最新履約價格 = 80元×(59元÷60元)

= 78.67元

3.行使比例不變

■ 6.5-3　現金增資

　　上市公司辦理現金增資，又稱「**有償配股**」。一般而言，股票價格會下跌，認購權證的「履約價格」和「行使比例」，均需調整。其計算步驟如下：

1.計算標的股票現金增資參考價格

$$標的股票現金增資參考價格 = \frac{除權前一日標的股票收盤價 + 新股每股應繳股款 \times 現金增資認股比率}{1 + 現金增資認股比率}$$

2.計算認購權證調整後最新履約價格

$$認購權證調整後最新履約價格 = 調整前原始履約價格 \times \frac{標的股票現金增資參考價}{除權前一日標的股票收盤價}$$

3.計算調整後行使比例

$$調整後行使比例 = 調整前行使比例 \times \frac{除權前一日標的股票收盤價}{標的股票現金增資參考價格}$$

　　假設華碩為擴充業務，增設生產線，今年決定辦理現金增資，每股現金增資價格為50元，現金增資認股率是0.25。其履

約價格與行使比例的調整步驟如下：

1.計算標的股票現金增資參考價格

$$標的股票現金增資參考價格=\frac{60\,元+50\,元\times0.25}{1+0.25}=58\,元$$

2.計算認購權證調整後最新履約價格

認購權證調整後最新履約價格 $= 80元\times(58元\div60元)$

$= 77.33元$

3.計算調整後行使比例

調整後行使比例 $= 1\times(60元\div58元) = 1.034$

華碩辦理現金增資，每股現金增資價格為50元，增資股上市後，認購權證最新履約價格由80元調整為77.33元；調整後最新行使比例為1.034。

第 7 章

認購權證實戰策略

認購權證是多頭市場的產物。大盤處於「多頭格局」中，認購權證是大行情來臨時，不可錯過的投資管道。投資人對權證不但要有正確的概念，且應精於「實戰策略」，一方面突破「技術死角」，克服心理障礙；另一方面掌握權證操作的本質與特性，順勢而為，才能發揮以小搏大的功能，擴大投資戰果。

本章探討認購權證實戰策略，包括：投資認購權證實戰致勝關鍵、認購權證的的篩選準則、應該避免介入的權證、導正權證投資的迷思，及認購權證實戰致勝策略。

7.1
投資認購權證實戰致勝關鍵

投資認購權證獲利，務必掌握下列各項實戰致勝關鍵。

一、標的股票是否選對

選對標的股票，是權證投資最**重要的決策**。因為權證是依附於標的股票的衍生性金融商品，它只是投資現股的一項工具。標的股票才是「本尊」，認購權證只是分身。本尊與分身之間的價格，具有正向連動性。若本尊的價格不上漲，理論上權證的價格便不會上漲。因此，進行權證投資的第一步，是選擇前景看好、未來股價具有上漲潛力的「標的股票」。如果未來2到6個月，具有二成到三成漲幅的股票，是投資認購權證較佳的標的。

　　投資人務必對標的股票的基本面及技術面，作深入的研究，確信在未來的某段時間內，標的股票具有上漲的潛力，此時才值得採取「以小搏大」的操作策略，進場購買該標的股票的認購權證。

二、進場時點是否妥當

　　認購權證的最佳買點，應在標的股票價格「漲勢初起」時，即在行情的**起漲點**或**反彈點**；而不要先買了以後，再巴望它慢慢上漲。因為認購權證具有高槓桿效果，一旦標的股票價格開始上揚，投資該檔股票的認購權證，才具有漲升的爆發力，其報酬率比直接投資股票還來得大，亦即具有以小搏大的效果。

　　投資認購權證之後，即使標的股票價格只是在原地踏步，未見下挫；但認購權證亦將出現「時間價值」降低的損失。所以，對於中長期股價看好，但短期股價卻有疑慮的股票，雖然未來一段時間股價可能會上漲，但是該認購權證於短期內，卻不是一個良好的投資標的。

　　此外，認購權證的行情，受到台股大盤多空趨勢的影響甚鉅。依據過去的經驗，當科技股旺季來臨，台股出現上攻萬點的多頭氣氛時，是投資認購權證的最佳時點。

三、權證的交易規則是否熟悉

　　對於認購權證的交易規則，應特別注意以下各點：
　　1.熟悉權證基本交易方式。

2.精於權證漲跌幅的計算。

3.瞭解權證履約方式。

4.熟諳除權除息的處理。

5.明白券商造市操作機制。

6.瞭解權證的投資風險。

四、操作紀律是否確實執行

認購權證是一種高槓桿的投資工具。看對行情時，可以有「高報酬」；但看錯行情時，就可能會有「高風險」。作為一位權證的操作者，應該確實體認「操作」基本上是一種講究「勝算」的投資行為。因此，每一位投資人都要根據自己的條件、經驗和體會，選擇一種適合自己的「操作方式」，經過測試，確認行之有效，才能加以採納應用。

紀律（Discipline）是一種嚴格的要求，可以轉化為「行為守則」，以協助投資人維持客觀性、一致性的態度，排除情緒性與資訊的干擾，來進行權證的操作。由於認購權證只適合「短線操作」，不適宜「長線持有」，投資人必須完全遵守「技術分析」戰法操作，嚴格執行買點、賣點、停損點與停利點等操作紀律，絕不可追高殺低。

成功的股票或權證操作者，務必基於過去的經驗與心得，訂定「操作紀律」，形成「行為守則」，切實遵守。

1.技術面守則

守則一：除非有明顯的買賣訊號出現，絕不輕易出手。

守則二：堅持「買低賣高」的原則，絕不「追高殺低」。

　　守則三：確實掌握股價漲跌變盤的點位，才能買到起漲的
　　　　　　最低點或次低點，賣到起跌的最高點或次高點。

2.心理面守則

　　守則一：不可毫無準備，匆促進場。

　　守則二：操作發生疑慮，應立刻出場。

　　守則三：經常分析自己的錯誤，斷然改正。

3.資金面守則

　　守則一：操作的規模，必須事先規劃，不可超出自己能力
　　　　　　可承受的範圍。

　　守則二：迅速認賠虧損的部位；讓獲利的部位持續發展。

　　守則三：不要於虧損中，加碼攤平操作。

7.2
認購權證的篩選準則

　　投資人在買進認購權證之前，應先對「標的股票」有一定
的認識，再決定是否投資這一檔標的股票的認購權證。因為認
購權證是依附「標的股票」而生的衍生性金融商品，它只是投
資現股的一項工具，所以一定是「看多」某檔標的股票，才去
購買這檔股票的「認購權證」。

　　在買進認購權證前，投資人可由基本面、技術面等因素多
方面考量，挑選未來具有短線「上漲潛力」的標的股票。若是
該檔股票有發行認購權證，且同一標的股票，由不同的發行
人發行認購權證，必須盡量收集該標的股票所有認購權證的資

料，進行比較，然後按照下列各項不同「發行條件」，再作篩選，俾可選出價格合理，較具潛力的權證。

一、距到期日時間

選擇距到期日較長的權證。

大多數認購權證的存續時間為6個月，距到期日時間較長的權證，具有時間優勢，未來獲利的空間較大，履約的機會也較大。故應該選擇距到期日時間較長的認購權證。最好選擇距到期日還有3個月以上的權證，較有機會等到股票上漲後認購權證也跟著飆漲。

二、價內外程度

選擇價平附近，價內外程度適中的權證。

處於「價內」的認購權證，Delta值會趨近於1，**認購權證的價格**會完全反映**標的股票價格**的變化，認購權證與標的股票之間有較佳的連動性，雖然認購權證價格會比較貴，卻是比較保守的投資標的。

處於「價外」的認購權證，Delta值會趨近於0，認購權證價格也較便宜，除非投資人非常看多，而且確信標的股票價格會在很短時間內大漲，否則投資這種認購權證的風險相當高，必須十分小心。

新發行的認購權證，到期日很長，在上市初期，通常都在「價外」，這類權證的價位較為便宜，槓桿倍數較大，看對行情，報酬率會較高，有較佳的「長線投資價值」。

比較合適的方法，是選擇價平附近，價內外程度適中的權證。價內外程度在10%以內的權證，槓桿價值適中，而且又有履約的可能，比較適合剛剛進入權證市場的投資者。

三、成交量

選擇成交量較大、流動性較佳的權證。

成交量決定權證的「流動性」，也是影響權證能否漲得動的一個重要因素。由於每檔權證的發行數量並不大，一般介於二萬張至五萬張之間。如果大部分籌碼被法人或主力鎖住，那麼市場供需就有可能出現不平衡，容易造成超漲或超跌的現象。成交量大者，投資人買賣容易。選擇權證時，以成交量較大、流動性較佳的權證為優先。權證的成交量，最好在一千張以上，才不會有變現性的問題。

四、隱含波動率

選擇隱含波動率較低的權證。

隱含波動率代表認購權證的價格。隱含波動率越小，代表權證越便宜。在兩種具有相同「標的股票」的認購權證，應選擇「隱含波動率」較低者，表示權證價格相對較便宜。如果隱含波動率不尋常地偏高，則是賣出權證的好時機。

另外，隱含波動率與歷史波動率差距太大者，亦表示價格可能不是很合理。

五、溢價比率

選擇溢價比率較低的權證。

投資人買進某一檔認購權證，必須評估未來**標的股票價格**的**漲幅**，是否能超過**認購權證**的**溢價比率**。假設預期標的股票價格的**漲幅**高於**溢價比率**，那麼這檔認購權證就是良好的投資標的。

溢價比率**較低**的權證，表示投資人付出的「購買成本」相對**較低**，是相對較理想的選擇。一般合理的「溢價比率」，不應超過20%，超過則較不具投資價值。

1. 對於相同標的股票的兩檔權證，若履約價格相近，但「到期日」不同，可以用溢價比率來衡量，以決定取捨。

   認購權證距到期日越久，其時間價值比較大，因此，其「溢價比率」應該會略高於距到期日時間較短者。投資人可以比較溢價比率，選擇購入溢價比率**較低**的認購權證。

2. 對於相同標的股票的兩種權證，若距到期日相近，但「**履約價格**」不同，亦可用「溢價比率」來衡量，以決定取捨。

   在到期日相近的情形下，履約價格**越低**，代表越深入價內，應該有**較低**的溢價比率。

   如果兩檔認購權證的溢價比率相當，很有可能**履約價格**高者，其權證**價格**並不合理。

六、Delta值

選擇Delta值較高的權證。

Delta值越高，表示權證到期時成為價內的機率越高，對投資者越有利。而且Delta值越大的權值，其漲幅越高。

七、實質槓桿倍數

選擇實質槓桿倍數較高的權證。

實質槓桿倍數越高越好。實質槓桿倍數較高的權證，表示認購權證價格對標的股票價格變動的敏感度較高，在「市場狀況」良好時，投資人較能享受認購權證以小搏大的槓桿效果。

實質槓桿倍數，須大於3。若低於3，則看好標的股票的投資人，應選擇直接融資較划算。

八、行使比例

選擇行使比例較大的權證。

每一單位認購權證，可認購權證標的股票之股數，稱為「行使比例」。買入行使比例較大的權證，一方面流動性較大；另一方面對股價的反應也會比較好。

九、權證價格

選擇**權證價格**較低的權證。

權證價格是投資人進行投資決策時的關鍵因素之一。權證價格低，尤其在**3元以下的權證**，如同現股中的「低價股」。當

「標的股票價格」開始飆升時，價格低的權證，其爆發力十分可期，漲升幅度將極為驚人。但下列兩種情況，允宜避開。

1.認購權證正處於深度價外

目前標的股票價格遠低於認購權證「履約價格」，認購權證正處於「深度價外」。除非標的股票屬主流股，前景看俏，有機會「起死回生」，否則購買這種權證，失敗機率極高。

2.認購權證距到期日在即

認購權證距「到期日」很近，大多數已經大勢底定，權證到期，可以鹹魚翻身的機率不高，不值得介入。

綜上所述，這些發行條件之間的關係，錯綜複雜，選擇認購權證，能夠同時符合這些條件者，並不容易。投資人選擇認購權證時，**首須**考慮該認購權證距到期日時間的長短；**再比較**是處於價內、價平或價外；**然後**參考隱含波動率、溢價比率、實質槓桿倍數、行使比例等之高低，通常可以選到具有未來獲利潛力的認購權證。

就過去的經驗，在多頭行情十分明確的市場，選擇槓桿倍數較高，處於「價外」的認購權證，有較大的獲利空間；在市場情況不十分明朗時，選擇槓桿倍數較低，處於「價內」或接近「價內」的認購權證，投資風險較低。

由於每一個人的風險承擔程度不同，加上投資人人格特質的差異，在市場狀況相同的前提下，選股的方向亦有不同。

1.冒險型的投資人，可能會選擇「槓桿倍數」較高，處於「價外」的認購權證，較能體會雲霄飛車式的價格走勢。

2.穩健型的投資人，可能會選擇「槓桿倍數」較低，處於「價內」的認購權證，儘可能降低投資風險。

7.3
應該避免介入的權證

認購權證如果操作得當，可能會讓投資人一本萬利；但是一不小心，也可能損失慘重。下列幾種情況的權證，投資人務必避免介入。

一、標的股票基本面不佳的權證

投資認購權證，是購買「作多」的權證。投資者看好標的股票的未來前景，預期未來該「標的股票」價格會上揚，才去購買它的權證。若標的股票基本面不佳，其權證宜儘量避開。

二、快到期的權證

認購權證最大的敵人就是時間，快到期的權證，時間價值的衰減速度極快，其價值就越低。尤其在最後1個月，時間價值是以加速度的方式衰減。投資人切勿介入只剩1個月到期的權證；保守一點，甚至3個月內到期的權證，都儘量少碰。

三、深入價外的權證

當標的股票價格遠低於履約價格，價外程度超過20%，稱為「深入價外」。深入價外的權證，權證價格很低，雖然槓桿倍

數很大，但對股價走勢的反映較不敏感，幾乎不隨標的股票的漲跌而漲跌，其價值幾乎要蓋棺論定，投資人已沒有太多空間去搏一搏漲跌勝負。

四、流動性差的權證

一檔流動性差的權證，在次級市場每天的「成交量」很小，當行情看好時，一股難求；當行情看壞時，卻又難於脫手。因此，這類的權證，最好少碰。投資人在介入權證操作時，應該選擇成交量較大的權證，以免行情反轉時，被「量」套牢。

五、隱含波動率與歷史波動率差距過大的權證

一般而言，權證的隱含波動率與歷史波動率之間，都會有一段差距，此乃市場預期心理與實際股價表現不太可能完全一致之故。但是，若隱含波動率與歷史波動率差距過大（例如一倍以上），通常蘊含著高度的風險性。

例如，有兩檔權證，一檔歷史波動率30%，而隱含波動率40%的權證；另一檔歷史波動率25%，隱含波動率50%的權證，前一檔比較合理得多。

7.4
導正權證投資的迷思

一、不要以市價追高殺低

　　權證市場由於成交量較小，其流動性不及一般股票；且漲跌幅度極大，若利用「市價」買賣，有可能出現買在最高點，或賣在最低點的情況發生。因此，在權證市場宜謹守「限價買賣」的原則，勿以「市價」追高殺低，否則很容易受傷。

二、不要看權證的技術線形操作

　　權證由於有「時間價值」衰減的風險，即使股價不變，權證價格依舊會逐漸下跌，因此，權證的技術線形會被扭曲。故權證的「技術線形」，不具分析價值。

　　投資人若要以技術線形來做權證投資分析，可參考「標的股票」本身的技術線形。標的股票的技術線形出現「買進訊號」，才是正確的進場時點；標的股票的技術線形出現「賣出訊號」，才是正確的出場時點。

三、不要逢低攤平

　　權證的價值，會隨著時間的消逝而遞減，投資的訣竅是看好時就買，看壞時就賣，千萬不要一路追低買進，不適合逢低攤平。

四、不是大戶不履約

目前權證市場上所有的權證，都是屬於美式認購權證，持有人在到期日前任何一天，都可以申請履約。

由於權證的價值，分為內含價值與時間價值，持有權證提前履約，可以得到的是內含價值，會損失「時間價值」。在通常的情況下，時間價值都是正的，因此，提前履約會損失時間價值，較不划算。

當然，有些情況是可以考慮提前履約。例如，權證部位過大，在市場上進出容易影響價格；或是權證具有套利空間等，都可以考慮提前履約。

五、不能死抱權證不賣直至到期

權證通常有一定的到期時限。到期時，權證價值將趨近於零。有些投資人購買權證被套牢，不肯認賠，加上標的股票進入空頭走勢；投資人才發現本金都被蝕光。因此，不能死抱權證不賣，千萬不能以為權證可以放越久，賺越多。

六、不能以為買權證可領取股息股利

擁有權證，雖然可參加標的股票的除權，但只是「履約價格」與「行使比例」改變，無法像擁有股票，可以領取現金股息和（或）股票股利。惟權證可因標的股票除權行情而享受價格上漲的獲利，因此仍可參加除權。

七、不可貪心過度，買權證不設停利點

　　購買權證，最怕投資人遇到短線獲利而不肯出場。若是貪心過度，可能因權證漲多，券商調整權證價格，使獲利受到侵蝕。

　　權證為極短線投機工具，是賭標的股票短線具有飆漲的機會，必須自我設定「停利點」（獲利點）。一旦發現標的股票陷入盤整，就要賣出權證，果斷出場。

八、切勿不做功課盲目操作

　　有些投資人雖然知道權證的高報酬與高風險，但操作時卻不看資料、不作分析，一看標的股票要漲，就隨便選一檔權證進場，不加篩選，很容易因此買到價格高估或即將到期的權證，盲目追高殺低，當然容易賠錢。

7.5
認購權證實戰策略

一、順勢操作

　　認購權證的權利金，會隨「時間」而損耗，因此，必須當趨勢確立發動時，順著趨勢操作，以免浪費寶貴的「時間價值」。一般而言，強勢股的走勢，都可延續幾天到一週，形成波段走勢。投資人一旦買到一檔標的股票走強的認購權證，則

可依標的股票多頭的慣性，進行操作，因此可以續抱幾天至一週，待標的股票出現停利點時，迅速獲利了結。

投資人只要能掌握波段漲跌，大漲前買，反轉前賣，非但不會損失時間價值，反而能獲得無限的獲利契機。

二、勇於停損與停利

投資認購權證，必須嚴密控制行情變化。在確定看錯行情時，必須嚴格執行「停損」，收回部分權利金，不應讓權利金全數損失。

在看對行情時，當價位已來到上檔「壓力」點位時，投資人必須適時「停利」出場，持盈保泰。

三、做好資金控管

良好的資金控管，可維持操作的冷靜與理性判斷，不會因為短暫的震盪而失去信心或非理性出場。

雖然認購權證的報酬率常達數倍，本小利大，但若出現損失，幅度也不小。因此，與股票相比，認購權證的風險比股票還大。在投入認購權證操作之前，要有良好的「資金控管」規劃。一定要在資金所允許的範圍內，作適當數量的交易，切忌貪婪和孤注一擲。應採取穩紮穩打，有節制地進行交易，否則一旦遭受損失，就無力回天。

四、牢記時間價值衰減的觀念

認購權證和股票最大的不同，在於它具有時間限制，時限

一到，即自動下市。所以，認購權證會因時間縮短而價值衰減。對於認購權證來說，權利金（權證價格）的最大殺手，就是「時間價值」。操作認購權證，必須時時刻刻牢記時間價值衰減的觀念。距到期日越近，時間價值會快速衰減，尤其是到期前兩週，時間價值的耗損，速度更快。所以，購買認購權證之前，必須注意到期日是否過近。這也是投資人必須掌握趨勢發動時點的原因。投資人必須深刻地體認，唯有正確掌握操作時機，才能發揮以小搏大的商品功能。

由於認購權證具有時間價值，而時間價值隨時間消逝而衰減，所以，權證只宜「短線投機」而不適合「長線投資」。同時，時間價值逐日衰減的特性，也造成標的股票價格不變，而權證價值卻日漸下跌，以及標的股票價格已高過履約價格，權證卻可能仍賠錢的窘境。

五、耐心等待

如前所述，投資人買賣權證時，切勿以「市價」追高殺低，而應以「限價」為宜，才能避免買到最高價，或賣到最低價的情況發生。有時，權證的價格亦會發生被低估的情況，一旦發現被「低估」的權證，則可適時以低價切入，並耐心等待，通常會逮到一波不小的行情。

六、眼明手快，見好就收

權證所擁有的高財務槓桿特性，常使投資人短期獲利驚人。但也讓許多投資人像坐上雲霄飛車，一路飆升，卻忘了適

時自高檔下車。以致常發生不但沒賺到價差，反而虧蝕了本錢的窘境。所以，投資人操作權證，務必眼明手快，見好就收，切記「看好就買，看壞就賣」。若需「停利」，必須嚴格執行，才能讓獲利落袋，保持戰果。

在權證的市場裡，最佳的「進場點」與「出場點」常常稍縱即逝，絕對需要眼明手快，才能掌握先機，成為常勝軍。

第 8 章

認購權證進階操盤法

在多頭市場，投資人應在初升段伺機布局；主升段積極加碼；末升段分批出貨。投資人若能在股價漲跌過程中，掌握轉折變盤的點位，常常有機會買到股價起漲的「最低價」或「次低價」；賣到股價起跌的「最高價」或「次高價」。認購權證由於有「時間價值」衰減的特性，其技術線形會被扭曲，不具分析價值。本節探討的操盤方法，乃依據「標的股票」本身的技術線形。

權證投資人，真正要賺取波段利潤，規避風險，必須建立一套適用的操盤方法。茲依據標的股票本身的技術線形，探討認購權證適用的幾種操盤方法，投資人允宜細心體會，融會貫通。

8.1
快慢速均線交叉操盤法

8.1-1　基本原理

移動平均線是某段時間內，平均收盤價的移動走勢。代表投資人在某段時間內的平均成本；亦是某段時間內多頭與空頭力量的均衡點。

快慢速均線交叉操盤法，係運用3MA與10MA兩條移動平均線，作為操盤線，以21MA作為多空趨勢線；依據3MA與10MA的「死亡交叉」與「黃金交叉」來操盤。

一、黃金交叉

當快速移動平均線由下往上突破慢速移動平均線後,兩條移動平均線皆持續上揚,此一交叉,稱為「黃金交叉」(Golden Cross)。

二、死亡交叉

當快速移動平均線,由上往下跌破慢速移動平均線後,兩條移動平均線皆持續下滑,此一交叉,稱為「死亡交叉」(Dead Cross)。

在多頭行情中,21MA持續上揚,若第一次3MA與10MA「死亡交叉」,股價往往在次一日或次二日有撐,以維持股價「續多行情」。因此,多頭中每一個死亡交叉之後,一手低或二手低,都是「支撐點」。

■ 8-1.2　研判法則

一、多頭慣性

1.每一個「黃金交叉」之後,必然出量大漲。

2.每一個「死亡交叉」之後,一手低到二手低,是「支撐點」。

二、多頭常態

在多頭中，每一個黃金交叉的點，會一底比一底高。

三、多頭非常態轉折

多頭非常態轉折，乃「多頭轉空頭」的先兆。

1.黃金交叉後3至4天，股價不漲，反而下挫。

2.死亡交叉後，股價續跌長黑而不漲，超過三手。

■ 8.1-3　操盤方法

在多頭市場，小波段「死亡交叉」後一手低到二手低，為回檔最低點或次低點，是支撐點，宜找「買點」。

8.2
均價均量變盤點操盤法

■ 8.2-1　基本原理

一、均線共振

三條「時間週期」不同的移動平均線，經過調整，逐漸收斂並交會在一起，呈現同方向走勢，使得移動平均線的助漲或

助跌效果，得以充分發揮，而產生協力效果，稱為「均線共振」。

二、均線變盤點

　　三條「時間週期」不同的移動平均線，收斂並交會在一起，使均線轉彎呈現同方向走勢的點，是「均線變盤點」。此一變盤點是，股價出現波段「飆漲」或「急跌」的發動點。

　　取「均價線」3MA、5MA、8MA作為操盤線，以21MA作為趨勢線；並以「均量線」3MT、5MT與8MT作為輔助線；依據「均線共振」原理，進行操盤，稱為「均價均量變盤點操盤法」。

■ 8.2-2　研判法則

一、空轉多變盤點

　　當股價長期處於**空頭中**，三條均線必然呈現空頭排列。要

改變這樣的格局，必須等待股價跌得很深之後，在一段相當長的時間內，呈現**狹幅盤整的平穩走勢**。隨後三條均價線**密集在一起**，當一根「中長紅K線」帶量突破三條交會的均價線時，**波段上漲行情**於是展開。

二、多續多變盤點

　　股價上漲一波之後，往往需要在中途暫時休息一下，出現**平穩走勢**的「修正整理」。修正整理完成之後，股價仍會持續原始漲勢方向前進。當一根中長紅K線，帶量突破三條密集均價線時，將展開另一個波段的漲勢。

■ 8.2-3　操盤方法

　　在低檔，或中波段低點，三條均價線密集在一起，一根「中長紅K線」由下而上，帶量突破三條交會的均價線，一線過三均，就是「買點」。

8.3
KD指標轉折點操盤法

■ 8.3-1　基本原理

　　KD指標是一種「擺盪指標」（Oscillator），K值及D值的

擺動範圍，介於0與100之間，可用於「區分多空」和「研判強弱」。

　　KD指標操盤方法，係依據KD指標所展現區分多空與研判強弱的功能，作為操盤的基礎，以掌握股價變動的支撐點，尋找可靠的買點。

■ 8.3-2　研判法則

　　KD指標以50為多空分界線。當P > 21MA，且21MA向上，而KD指標的K值在50之上，至少持續三日，表示市場屬於短期「多頭」中。

　　在多頭市場，KD指標的「多頭慣性」、「多頭常態」及「多頭非常態轉折」的研判法則如下：

一、多頭慣性

1.K > 80

　　KD指標進入「超買區」（軋空區），指標對應的K線，會形成軋空走勢。當天對應的K線，稱為「軋空K線」。此時的軋空走勢，必須研判是屬於「強勢軋空」或「弱勢軋空」。

2.K > 50

　　市場處於多頭走勢中，指標進入「強勢區」，對應K線有機會展開多頭波段上漲行情。

二、多頭常態

1.K＜50

KD指標的K值自高檔80～100區間回檔，跌破50，次一日或次二日股價（對應K線）理應有撐，以維持「續多行情」。

2.K＜20

K值自50～80區間回檔，跌破20，次一日或次二日理應有撐，此為多方最後「防守點」，也是多方最後「支撐點」。

三、多頭非常態轉折

1.K＜50

K值自高檔80～100區間回檔，跌破50，對應K線低點持續三日以上沒有支撐；且該K線高點有壓，代表趨勢「轉弱」，多方最後防守點是K＜20。

2.K＜20

K值自50～80區間回檔，跌破20，對應K線低點持續三日以上沒有支撐；且該K線高點有壓，代表趨勢「由多轉空」。

3.K值一次破三關

K值在「超買區」（K＞80）轉折向下，持續跌破80、50、20，一次破三關，呈現「乖離走勢」，次一日或次二日對應K棒的低點，理應有撐，此為趨勢「由多轉空」的先兆。觀察的重點是股價下跌是否跌破「末升低」。

■ 8.3-3　操盤方法

KD指標是一種「逆勢指標」（Contrary Indicators），可運用K值的轉折點，來研判短線買賣時機。

在多頭走勢中，KD指標K值的轉折低有二：

1. K值自高檔80～100區間回檔，跌破50，次一日或次二日對應K棒的低點，稱為「轉折低」。此一轉折低，為多方的防守點，也是支撐點，宜找「買點」。

2. K值自高檔50～80區間回檔，跌破20，次一日或次二日對應K棒的低點，亦稱為「轉折低」。此一轉折低，為多方的最後防守點，也是支撐點，宜找多方最後的「買點」。

8.4
MACD指標轉折點操盤法

■ 8.4-1　基本原理

一、MACD指標的意義

MACD指標（Moving Average Convergence and Divergence），是利用快速與慢速兩條「指數移動平均線」（Exponential Moving Average，EMA），以計算兩者之間的「差離值」（Difference，DIF）；再利用差離值與「差離值平

均值」（MACD）的收斂（Convergence）與發散（Divergence）的正值或負值變化，以研判股市行情「買進」或「賣出」的時機。

　　MACD指標是極少數兼有研判「短線買賣點」與確認「波段買賣訊號」的技術指標。DIF與MACD代表中長期訊號；DEF代表**短期訊號**，藉以「區分多空」，並「研判強弱」，俾引導操作決策。

二、MACD指標的擺盪區間

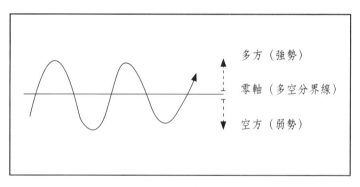

圖8-1　MACD的擺盪區間

　　MACD指標由DIF、MACD與DEF（柱狀圖）三組數值所組成。**DIF**與**MACD**代表中長期訊號；**DEF**代表中短期訊號，用以「區分多空」，俾迅速指引操作決策。（詳見圖8-1）

1.多頭走勢

　　(1)中長期多頭

　　DIF配合55MA，用於研判「中長期多空」。當P > 55MA，

且55MA向上，而DIF > 0（DIF曲線在0軸之上），股價的走勢，定義為「中長期多頭」。

(3)短期多頭

DEF配合21MA，用於研判「短期多空」。當P > 21MA，且21MA向上，而DEF > 0（柱狀圖在0軸之上），股價的走勢，定義為「短期多頭」。

2.空頭走勢

(1)中長期空頭

當P < 55MA，且55MA向下，而DIF < 0（DIF曲線在0軸之下），股價的走勢，定義為「中長期空頭」。

(2)短期空頭

當P < 21MA，且21MA向下，而DEF < 0（柱狀圖在0軸之下），股價的走勢，定義為「短期空頭」。

3.長多兼短多

當P > 21MA > 55MA，且21MA與55MA均向上，而**DIF > 0**且**DEF > 0**，股價的走勢，定義為「長多兼短多」。股價位置為「上漲波」。

4.長多兼短空

當P > 55MA，但P < 21MA；而**DIF > 0**，但**DEF < 0**，股價的走勢，定義為「長多兼短空」。股價位置為「回檔波」。

5.長空兼短多

當P < 55MA，但P > 21MA；而**DIF < 0**，但**DEF > 0**，股價的走勢，定義為「長空兼短多」。股價位置為「反彈波」。

6.長空兼短空

　　當P < 21MA < 55MA，且21MA與55MA均向下，而**DIF < 0 且DEF < 0**，股價的走勢，定義為「長空兼短空」。股價位置為「下跌波」。

7.空轉多

　　(1)中長期趨勢由空轉多

　　DIF在0軸之下，由下而上，**突破0軸**，由「負值」轉為「正值」，中長期趨勢由空轉多。

　　(2)短期趨勢由空轉多

　　DEF在0軸之下，由下而上，**站上0軸**，由「負值」轉為「正值」，短期趨勢由空轉多。

8.多轉空

　　(1)中長期趨勢由多轉空

　　DIF在0軸之上，由上而下，**跌破0軸**，由「正值」轉為「負值」，中長期趨勢由多轉空。

　　(2)短期趨勢由多轉空

　　DEF在0軸之上，**跌破0軸**，由「正值」轉為「負值」，短期趨勢由多轉空。

■ 8.4-2　研判法則

一、多頭市場

1.多頭慣性

在短期多頭走勢中，柱狀圖（DEF）一直都**在零軸之上移動**，表示股價處於上升行情。如果柱狀圖越來越長，表示股價上漲力道越來越強；如果柱狀圖從「正值最大」往下縮短，稱為「**縮頭**」，表示多頭的力道減弱，股價即將回檔。

2.多頭常態

在短期多頭走勢中，DEF持續在零軸之上。當DEF第一次跌破零軸（DEF < 0），次一日或次二日對應K線的低點，為短線的「**轉折低**」，是短期多頭的「防守點」，也是短期多頭的「支撐點」，理應有撐，以維持短線的「續多行情」。

3.多頭非常態轉折

在短期多頭走勢中，當DEF第二次跌破零軸（DEF < 0），若對應K線的低點連續三日以上沒有支撐，而對應K線的高點有壓，代表短期趨勢可能「由多轉空」。

二、空頭市場

1.空頭慣性

在短期空頭走勢中，柱狀圖（DEF）一直都**在零軸之下游走**，表示股價處於下跌行情。如果柱狀圖越來越長，表示股價下跌力道越來越強；如果柱狀圖從「負值最大」往上縮短，稱

為「**縮腳**」，表示空頭的力道減弱，股價即將反彈。

2.空頭常態

在短期空頭走勢中，DEF持續在零軸之下。當DEF第一次**突破零軸**（DEF > 0），次一日或次二日對應K線的高點，為短線的「轉折高」，是短期空頭的「防守點」，也是短期空頭的「壓力點」，理應有壓，以維持短線的「續空行情」。

3.空頭非常態轉折

在短期空頭走勢中，當DEF第二次突破零軸（DEF > 0），若對應K線的高點連續三日以上沒有壓力，而對應K線的低點有撐，代表短期趨勢可能「由空轉多」。

■ 8.4-3　操盤方法

一、多頭買點

在短期多頭走勢中，DEF（紅色柱狀體）處在零軸之上。當DEF第一次跌破零軸（DEF < 0），對應K線一手低到二手低，是短期多頭的支撐點，宜找「買點」。

二、空頭空點

在短期空頭走勢中，DIF（綠色柱狀體）處在零軸之下。當DEF第一次突破零軸（DEF > 0），對應K線一手高到二手高，是短線的「壓力點」，也是短線的「賣點」或「空點」。

8.5
頭肩底作多操盤法

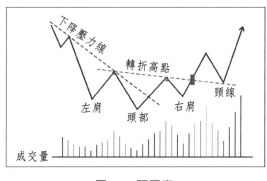

圖8-2　頭肩底

8.5-1　基本原理

一、頭肩底意義

　　頭肩底（Head and Shoulders Bottom）係由左肩、頭部、右肩三個漲跌波段所組成的「底部反轉型態」。其中頭部必須低於左肩及右肩。

　　標準型頭肩底通常出現於一段中期跌勢末期、漲勢初期之低價區。乃是主力作手吸收籌碼將近完成，為洗清最後的浮額，所做的反手殺，連殺三次，浮額徹底洗盡後，突破「頸線」，股價會有一段中長期的上升走勢。（詳見圖8-2）

二、頭肩底形成過程

1.轉折

在下跌行情的末期，股價跌深，在低檔出現「轉折K線」，形成「底部轉折」。如果隔天股價再創新高，則股價走勢轉強，呈現反彈回升，於是形成「左肩」。

2.打底

左肩形成後，股價又從底部的「轉折高點」下跌，跌幅超過左肩的低點，創另一低價，接著又反彈至底部的轉折高點，而成交量同時增加，於是形成「頭部」。

3.型態形成

頭部完成後，股價又從底部的轉折高點下跌，在左肩之低點附近，又反彈回升，形成「右肩」。同時向上突破「頸線」，頭肩底型態正式形成。

頭肩底形成之後，下跌的行情宣告結束，中期趨勢「由空轉多」。

■ 8.5-2　研判法則

一、頭肩底之特性

1.頭肩底呈現三個「谷底」的排列，中間的谷底最低。三個谷底所夾兩個「轉折高點」的形狀，非常明確。

2.左肩、頭部及右肩的**低點**，都要有K線的「底部訊號」。

3.頭肩底型態具有**對稱性**。左肩與右肩必須分別位在「頭部」的兩側，兩肩與頭部之間的時間與距離，大約相等，兩肩的價位也大約相同。

4.右肩通常與左肩**等高**或**略高**。

5.三個谷底夾著兩個「轉折高點」。連接兩個轉折高點的直線，稱為「頸線」。頸線可能向上或向下傾斜。理想的頭肩底型態，頸線的「傾斜角度」最好不要太大。

6.價格向上突破「頸線」的過程中，必須出現大量才能確定是「有效突破」。且收盤價必須高於頸線3%。

7.頭肩底完成，價格突破**頸線**之後，經常會拉回，重新測試頸線的支撐。

二、成交量

　　頭肩底「左肩」的成交量最小，隨著型態的發展，成交量漸漸增加，當頭肩底完成頭部而向上回升時，通常都會開始顯現上升趨勢的性質，成交量明顯放大。右肩的漲勢中，成交量更是明顯放大。頸線的**突破**過程中必須爆出大量。故以底部為中心線，右邊的成交量大於左邊的成交量。

　　頸線突破之後，股價發生拉回走勢，不應該出現大量。隨後價格恢復漲勢時，成交量必須配合放大。

三、支撐與壓力

　　頭肩底型態主要的支撐在**頭部**，次要的支撐在**兩肩的底部**；主要的壓力在**頸線**，當價格向上突破頸線，將開始上升趨

勢。

■ 8.5-3　操盤方法

一、買點

1.第一買點：股價向上突破頸線的地方

　　股價向上突破頸線，伴隨成交量同步放大，「頭肩底型態」完成確認。此時型態「由空轉多」，將引發一個波段的漲勢，是最佳的「買點」。

2.第二買點：股價回檔，在頸線附近

　　頭肩底型態完成，股價向上突破頸線之後，約有半數的案例，會發生回檔走勢。因此，可在回檔走勢完成，於頸線附近加碼買進。

3.第三買點：右肩低點

　　頭肩底型態的價格走勢相當可靠，如果能夠提早判斷頭肩底型態正在形成之中，頭肩底型態的結構，已可確定，可以儘早在「右肩」出現時，即可在轉折點進場先作試探性買進。

二、停損點

　　1.第一停損點：跌破頸線3%的地方。

　　2.第二停損點：買點向下減3%的地方。

　　3.第三停損點：兩肩較低者之下方，低一檔。

　　兩肩具備支撐的功能，成功的頭肩底型態，價格通常不會

跌破兩肩較低者之位置。

三、停利點

　　停利點又稱最小目標價位。頭肩底型態股價向上突破頸線後，上檔的「最小目標價位」（A Minimum Price Objective），為「底部到頸線垂直距離」的倍幅。

1.計算「型態高度」

　　頭肩底頭部谷底最低點與頸線之間的垂直距離。

2.估計「最小目標價位」

　　由頸線突破點向上加計型態高度。

附　錄

發行人申請發行認購（售）權證處理準則

民國95年08月29日修正

第1條　本準則依證券交易法（以下簡稱本法）第二十二條第一項
　　　　規定訂定之。

第2條　認購（售）權證之發行，除法令另有規定者外，適用本準
　　　　則規定。本準則所稱認購（售）權證，係指標的證券發行
　　　　公司以外之第三者所發行表彰認購（售）權證持有人於履
　　　　約期間內或特定到期日，有權按約定履約價格向發行人購
　　　　入或售出標的證券，或以現金結算方式收取差價之有價證
　　　　券。

　　　　前項認購（售）權證之標的證券，以已在臺灣證券交易所
　　　　股份有限公司（以下簡稱證券交易所）上市或財團法人中
　　　　華民國證券櫃檯買賣中心（以下簡稱櫃檯買賣中心）上櫃
　　　　且符合證券交易所或櫃檯買賣中心所定條件之股票或其組
　　　　合，及指數股票型基金為限。

第3條　本準則所稱發行人，係指標的證券發行公司以外之第三者
　　　　且同時經營有價證券承銷、自行買賣及行紀或居間等三種
　　　　業務者。

　　　　前項發行人屬外國機構者，應檢具董事會同意函或履約保
　　　　證切結書後，由在中華民國境內之分支機構或直接或間接
　　　　持股百分之百之子公司在中華民國境內設立之分支機構以

該外國機構之名義提出申請；前開子公司及在中華民國境內之分支機構所營事業並應符合前項規定。

前項外國機構係透過直接或間接持股百分之百之子公司在中華民國境內設立分支機構者，應指定該中華民國境內之分支機構負責辦理權證之發行、履約及資訊揭露相關事宜。

第4條　　發行人發行認購（售）權證，應先向財政部證券暨期貨管理委員會（以下簡稱本會）申請核給發行認購（售）權證之資格認可。

發行人向本會申請核給其發行認購（售）權證之資格認可，應取得經本會核准之信用評等機構出具一定評級之信用評等；外國機構得取得經本會認可之信用評等機構出具一定評級之信用評等提出申請。

發行人委託外國機構擔任風險管理機構或發行人屬外國機構者，應先取得外匯業務主管機關同意函。

發行人向本會申請核給其發行認購（售）權證之資格認可，應檢具「發行認購（售）權證資格認可申請書」如附表，載明應記載事項，連同應附書件兩份，向證券交易所或櫃檯買賣中心提出申請，並經證券交易所或櫃檯買賣中心審查同意後加具審查意見，函報本會審核。

第一項申請核給資格認可案件，本會以會計師依規定查核簽證之財務報告、律師出具之適法性意見書、信用評等資料、相關書件及證券交易所或櫃檯買賣中心之審查意見予以審核。

第5條　發行人不得以其已取得發行認購（售）權證資格認可，作為證實其申請事項或保證認購（售）權證價值之宣傳。

第6條　發行人自申請本會核給其發行認購（售）權證資格認可之日起，遇有本法第三十六條第二項第二款規定對股東權益或證券價格有重大影響之事項，除依規定於事實發生日起二日內公告並向本會及證券交易所、櫃檯買賣中心申報外，應視事項性質檢附相關專家意見，洽請簽證會計師表示其對財務報告影響之意見後，向證券交易所或櫃檯買賣中心申報，證券交易所或櫃檯買賣中心並應加具處理意見函報本會。

第7條　發行人申請發行認購（售）權證之資格認可者，如有下列情形之一，本會得不予認可：

　　　　一、申請書件不完備，經本會限期補正，逾期不能完成補正者。

　　　　二、申請事項有違反法令或虛偽隱匿情事者。

　　　　三、重大喪失債信情事，尚未了結或了結後尚未逾四年者。

　　　　四、發行人有不符證券商設置標準第三十八條第二款至第五款情事之一者；發行人屬外國機構，總公司有類似情事者。

　　　　五、發行人於申請日前半年自有資本適足比率有低於百分之二百者；發行人屬外國機構，總公司有類似情事者。

　　　　六、發行人無適當之風險管理措施者。

七、曾發行認購（售）權證而有無法履約之情事者。

八、發行人於最近一年內未能依證券交易所或櫃檯買賣中心認購（售）權證相關規定辦理，且無法於限期內改善者。

九、未依一般公認會計原則編製財務報告或其內部控制制度未能有效運作者。

十、違反第六條規定，或其申報事項經評估對其財務狀況有重大影響之虞者。

十一、有足以影響公司財務業務之重大權益糾紛或違規情事，尚未解決或改善者。

十二、有事實證明其財務或業務有重大異常情事者。

十三、其他本會為保護公益認為有必要者。

第8條　　發行人經本會核給其發行認購（售）權證之資格認可後，經發現或經證券交易所或櫃檯買賣中心函報其有前條各款所訂情事之一者，本會得停止其發行認購（售）權證。

發行人經本會核給其發行認購（售）權證之資格認可後，自有資本適足比率連續三個月低於百分之二百或信用評等未達規定等級者，停止其發行認購（售）權證，俟其完成改善後，始予恢復。發行人屬外國機構，總公司有類似情事者，亦同。

發行人經依前二項規定停止發行認購（售）權證時，其已獲准發行而尚未發行者，應停止發行。但已發行之認購（售）權證，其效力不受影響。

第9條　　（刪除）

第10條　發行人經本會核給其發行認購（售）權證之資格認可後，應向證券交易所或櫃檯買賣中心申請同意其擬發行之認購（售）權證上市或上櫃，並俟證券交易所或櫃檯買賣中心同意其發行計畫後，始得辦理發行及銷售。

前項認購（售）權證之發行人應與證券交易所或櫃檯買賣中心訂立認購（售）權證上市或上櫃契約，證券交易所或櫃檯買賣中心應將上市或上櫃契約申報本會核准。

第11條　發行人經本會核准其上市或上櫃契約後，於認購（售）權證上市或上櫃買賣前，經發現或經證券交易所或櫃檯買賣中心函報其有第七條各款所訂情事之一者，得撤銷或廢止其核准。

第12條　證券交易所或櫃檯買賣中心申報之認購（售）權證上市或上櫃契約，經本會不予核准、撤銷或廢止其核准時，已發行之認購（售）權證，發行人應於接獲證券交易所或櫃檯買賣中心通知之日起十日內，加計法定利息返還價款。

第13條　發行人發行認購（售）權證得委託證券承銷商辦理承銷或自行銷售，並向認購人交付公開銷售說明書。

前項公開銷售說明書應行記載事項應由證券交易所或櫃檯買賣中心訂定，報請本會核定之。

第14條　本準則自發布日實施。

二
台灣證券交易所股份有限公司認購（售）權證上市審查準則

民國95年09月22日修正

第一章　總則

第1條　本準則依證券交易法第一百四十條之規定訂定之。

第2條　本準則所稱之認購（售）權證，係指由標的證券發行公司以外之第三者所發行表彰認購（售）權證持有人於履約期間內或特定到期日，有權按約定履約價格向發行人購入或售出標的證券，或以現金結算方式收取差價之有價證券。

第二章　發行人資格及申請

第3條　向本公司申請認購（售）權證發行人資格之認可者，應檢具發行認購（售）權證資格認可申請書（附件一），載明其應記載事項，連同應檢附書件，向本公司申請，本公司依據「發行人申請發行認購（售）權證處理準則」（以下簡稱發行處理準則）、本準則暨本公司審查認購（售）權證上市作業程序之規定審查同意後，加具審核意見，轉報主管機關審核。

前項審查認購（售）權證上市作業程序由本公司訂定，並於報經主管機關核定後施行。

第4條　　同時經營證券承銷、自行買賣及行紀或居間等三種業務者，得申請認購（售）權證發行人資格之認可，其為外國機構者，應檢具董事會同意函或履約保證切結書後，由在中華民國境內之分支機構或直接或間接持股百分之百之子公司在中華民國境內設立之分支機構以該外國機構之名義向本公司提出申請，前開子公司及在中華民國境內分支機構所營事業並應符合上開規定。

發行人申請認購（售）權證發行人資格之認可，應符合下列各款之規定：

一、依最近期經會計師查核簽證之財務報告其股東權益達新臺幣三十億元以上；其為外國機構者，除總公司之股東權益應符合上開規定外，其分支機構或直接或間接持股百分之百之子公司在中華民國境內設立之分支機構淨值至少應達新臺幣一億伍仟萬元以上。

二、最近期經會計師查核簽證之財務報告淨值不低於實收資本額。

三、提出經主管機關核准或認可之信用評等機構一定評級之信用評等。

四、申請日前半年自有資本適足比率應達百分之二百以上；發行人屬外國機構，總公司有類似情事者。

五、提出預定之風險沖銷策略。發行人委託外國機構擔任風險管理機構或發行人屬外國機構者，應先取具外匯業務主管機關同意函後，再向本公司提出申請。

第一項外國發行人係透過直接或間接持股百分之百之子公

司在中華民國境內設立分支機構者，應指定該中華民國境內之分支機構負責辦理權證之發行、履約及資訊揭露相關事宜。且不得適用本準則第五條及第七條第二項規定。

第5條　發行人如不符合前條第二項第一款規定標準，而其股東權益達新臺幣十億元以上，應與其他經設立登記國之法律與其章程皆明訂其得為保證之金融機構簽訂協議書，並於申請認購（售）權證上市時與其簽訂不可撤銷之保證契約，連帶保證其履行發行人於本次發行認購（售）權證之契約責任，惟保證人仍應符合前條第二項第一款至第三款規定標準。

前項保證契約中之保證金額，至少應為該次發行認購（售）權證之發行數量×履約價格×行使比例之百分之二十。

第6條　發行人如係委託其他機構從事避險操作，該風險管理機構之股東權益須達新臺幣十億元以上且須提出經主管機關核准或認可之信用評等機構一定評級之信用評等。

第7條　第四條第二項第三款及第六條規定之一定評級之信用評等，係指取得中華信用評等股份有限公司twBB-級以上或英商惠譽國際信用評等股份有限公司台灣分公司BB-（twn）級以上或穆迪信用評等股份有限公司Ba3.tw級以上或Moody'sService評級Ba3級以上或Standard&Poor'sCorp.評級BB-級以上或FitchInc.評級BB-級以上之信用評等。發行人或風險管理機構屬外國機構或屬本國金融控股公司之子公司者，得採集團控股公司之信用評級，並由控股公司提

供無條件且不可撤銷之保證,控股公司之信用評級仍應符合前項之規定。

第8條　發行人申請發行認購(售)權證資格者,如有下列各款情事之一者,本公司得不予同意其資格之認可:

一、申請書件不完備,經本公司限期補正,逾期不能完成補正者。

二、申請事項有違反法令或虛偽隱匿情事者。

三、有重大喪失債信情事,尚未了結或了結後尚未逾四年者。

四、發行人有不符合證券商設置標準第三十八條第二款至第五款情事之一者;發行人屬外國機構,其總公司有類似情事者。

五、發行人無適當之風險管理措施者。

六、曾發行認購(售)權證而有無法履約之情事者。

七、發行人於最近一年內未能依本公司認購(售)權證相關規定辦理,且無法於限期內改善者。

八、未依一般公認會計原則編製財務報告或其內部控制制度未能有效運作者。

九、違反發行處理準則第六條之規定,或其申報之事項經評估對其財務狀況有重大影響之虞者。

十、有足以影響公司財務業務之重大權益糾紛或違規情事,尚未解決或改善者。

十一、有事實證明其財務或業務有重大異常情事者。

十二、不符合本準則有關發行人財務條件之規定者。

發行人於取得資格之認可後，有下列各款情事之一者，應停止其發行認購（售）權證，俟其完成改善後，始予恢復。其已獲准發行而尚未發行者，應停止發行，並報主管機關備查。但已發行之認購（售）權證，其效力不受影響。發行人屬外國機構，總公司有類似情事者，亦同。

一、未同時經營證券承銷、自行買賣及行紀或居間等三種業務者。

二、未符合第四條第二項第一、二款之情事者。但未符合第四條第二項第一款，而依第五條規定辦理者，不在此限。

三、自有資本適足比率低於百分之一百五十或連續三個月低於百分之二百者。

四、信用評等未達規定最低等級者。

第8-1條　發行人於取得主管機關認購（售）權證發行人資格後，每年應於接獲信用評等公司評定信用評級後三日內，檢附相關證明文件，向本公司辦理書面申報。期間內信評評級有變動時亦同。

第三章　認購（售）權證發行及上市

第9條　發行人於取得主管機關認購（售）權證發行人資格認可後，向本公司申請其擬發行之認購（售）權證上市時，應檢具認購（售）權證上市申請書（附件二），載明其應行記載事項，連同應檢附書件，向本公司申請；經本公司審查同意其發行計畫後，即出具同意函，並函報主管機關備

查。但本公司仍得視申請人之財務業務狀況、標的證券之狀況，及已上市交易之同一或類似標的認購（售）權證總額、到期日分布情形等具體情況，不予同意或限制其上市數額或附加其他條件。

發行人經本公司出具同意函，並函報主管機關備查後，得委託證券承銷商辦理承銷或自行銷售，並交付公開銷售說明書予認購人。

前項公開銷售說明書應行記載事項要點由本公司依發行處理準則第十三條規定訂定之，並於報經主管機關核定後施行。

第10條　申請本公司同意上市之認購（售）權證，應符合下列各款規定：

一、發行單位二千萬單位以上或發行單位一千萬單位以上且發行價格總值新臺幣二億元以上。每一發行單位代表一股份（一受益權單位）或其組合，或每十發行單位代表一股份（一受益權單位）或其組合。

二、權證持有人分散：

(一)須持有人數一百人以上；持有一千至五萬單位之持有人，不少於八十人，且其所持有單位合計逾上市單位百分之二十。

(二)須單一持有人所持有單位，不超過上市單位百分之十，若其為發行人則不得超過上市單位百分之三十；惟發行人採委託其他機構避險者，其委託之風險管理機構不得持有所發行之權證。

(三)須發行人及其關係人、受僱人持有單位數，不得逾上市單位百分之三十五。

(四)發行人於認購（售）權證銷售時，除標的證券為台灣五十指數股票型證券投資信託基金（以下簡稱台灣五十指數股票型基金）外，應限制標的證券公司之董事、監察人、經理人及持股百分之十以上大股東持有之認購（售）權證得認購股數不得超過該等人員本身之持有該標的證券數量。

三、存續期間：自上市買賣日起算，其存續期間須六個月以上二年以下。

四、所表彰標的證券總發行額度限制：權證發行單位可認購（售）標的證券股數與現有其他已在本公司上市認購（售）權證同一標的證券之合計數，加計發行人或其委外機構在國外發行之認購（售）權證表彰同一標的證券之數量，不得超過該標的證券發行公司已發行股份總額扣除下列各目股份後之百分之十七·五：

(一)全體董事、監察人應持有之法定持股成數。

(二)已質押股數。

(三)新上市公司強制集保之股數。

(四)依「上市上櫃公司買回本公司股份辦法」規定已買回未註銷之股份。

(五)經主管機關限制上市買賣之股份。

標的證券為台灣五十指數股票型基金者，其發行單位可認購（售）標的證券受益權單位數與現有其他已在

　　　　　本公司上市認購（售）權證同一標的證券之合計數，
　　　　加計發行人或其委外機構在國外發行之認購（售）權
　　　　證表彰同一標的證券之數量，不得超過該標的證券已
　　　　發行受益權單位總數之百分之四十。但已發行之認購
　　　　（售）權證，其效力不受影響。

五、標的證券為台灣五十指數股票型基金者，應先取得該
　　基金標的指數編製機構之同意。

六、發行計畫內容須包括下列條款：

(一)發行日期及存續期間。

(二)標的證券、證券組合之詳細內容（所發行權證之標
　　的證券，除其最近期經會計師查核或核閱之財務報
　　告無虧損者外，應說明以該標的證券發行權證之原
　　因）。

(三)認購（售）權證種類、發行單位總數及發行金額。

(四)發行條件〔含發行價格、履約價格、履約期間、每
　　單位代表股份或受益權單位等，如係發行上限型認
　　購權證或下限型認售權證，則上（下）限之價格、
　　標的證券收盤價格達到上（下）限價格時，當日視
　　同該權證最後交易日，並於次二營業日到期，一律
　　按該權證最後交易日標的證券收盤價格採自動現金
　　結算等條件，應以顯著字體說明〕，前採揭之履約
　　價格若為認購權證者不得高於申請當日標的證券收
　　盤價之百分之一五○，若為認售權證者不得低於申
　　請當日標的證券收盤價之百分之五十，但履約價格

與標的證券收盤價差距不足新臺幣三十元者，得超過上述比例。發行條件不符合上開標準者，應有合理依據及說明，並充分揭露予投資人。

(五)發行價格計算之說明，包括計算使用之標的證券價格、履約價格、存續期間、利率、波動率及其他參考因素，並與一年來以同一上市證券為標的之權證列表比較。

(六)保證人及保證契約內容或擔保物之詳細資料。

(七)請求履約之程序及因履約而收回之認購（售）權證應予註銷之條款。

(八)預定之風險沖銷策略。

(九)標的證券發行公司辦理配發股息、紅利、增資、減資、股票分割、合併及其他相關事項或證券投資信託事業辦理標的指數股票型基金配發股息及其他相關事項時，調整其認購（售）權證履約價格或相關事項之約定；發行人如未依本公司參考調整公式訂定，應於公開銷售說明書以顯著字體說明。

(十)標的證券發行公司有公司合併、變更交易方法、停止買賣或股票終止上市情事時，或標的指數股票型基金因證券投資信託事業解散、破產或撤銷核准等原因終止上市時之處理方式。

(十一)認購（售）權證之上市及經交易所終止上市或停止買賣時之處理方式。

(十二)存續期間屆滿時，若認購權證標的證券市價大於

其履約價格（或認售權證之履約價格大於其標的
證券市價）而有履約價值者，如其履約條款訂為
現金結算者，視為持有人已有行使認購（售）權
證並得請求履約之意思表示。

(十三)發行人不得主動轉換為存續期間長於該認購
（售）權證之另一認購（售）權證或其他證券之
條款。

(十四)持有人行使權利請求履約時，其履約給付方式。

(十五)前款之履約方式如係以現金結算，其現金結算額
應以標的證券之行使日當日收盤價計算。

(十六)發行人未於規定時限履行其交付標的證券或現金
差價之義務時，對其於台灣證券集中保管公司帳
戶內存券之分配處理方式。

(十七)未來三個月內是否對同一標的證券反向發行認購
（售）權證計畫之說明。

第11條　申請本公司同意上市之認購（售）權證，其標的證券為股
票者應符合下列各款規定：

一、標的證券市值：新臺幣一百億元以上。

二、最近三個月份成交股數佔已發行股份總額之比例達百
分之二十以上，或最近三個月月平均成交股數達一億
股以上。

三、最近期經會計師查核或核閱之財務報告無虧損，或最
近期雖有虧損但無累計虧損者。

前項符合規定之標的證券以本公司每季公告為準，但於公

告期間如標的證券依證券交易法第三十六條規定應檢送之財務報告有不符合前項第三款之情事者，本公司即公告取消該證券得為認購（售）權證之標的。

申請本公司同意上市之認購（售）權證，除其標的證券最近期經會計師查核或核閱之財務報告無虧損者外，應於發行計畫及公開銷售說明書中說明以該標的證券發行權證之原因。

申請本公司同意上市之認購（售）權證，其標的證券為受益憑證者，以台灣五十指數股票型基金為限，且申請發行認購（售）權證前一營業日本公司網站公告之指數股票型基金實物申購買回清單之已發行受益權單位總數應達五億單位以上。

第12條　發行人申請本公司同意其擬發行之認購（售）權證上市，有下列各款情事之一者，本公司得不予同意：

一、申請書件不完備，經本公司限期補正，逾期不能完成補正者。

二、申請事項有違反法令或虛偽隱匿情事者。

三、申請前一個月發行人或其聯屬公司曾發布有關其擬發行之認購（售）權證標的證券價格之相關預測或消息者。

四、發行人或其董事、監察人、經理人、受僱人或持股百分之十以上之股東，或有上列身份者持股百分之十以上之他公司，為標的證券發行公司或上市證券組合之各發行公司之董事、監察人、經理人、或持股百分之

十以上之股東。

申請發行之權證標的為台灣五十指數股票型基金者，得排除本款之適用。

五、未符合第四條第二項第一、二款之情事者。但未符合第四條第二項第一款，而依第五條規定辦理者，不在此限。

六、發行人已發行而未到期之現有已上市、上櫃及店頭市場議約型認購（售）權證，加總其擬發行之認購（售）權證，有下列情事之一者：

(一)取得中華信用評等股份有限公司A級以上或英商惠譽國際信用評等股份有限公司台灣分公司A（twn）級以上或穆迪信用評等股份有限公司A.tw級以上或Moody'sInvestorsService評級A級以上或Standard&Poor'sCorp.評級A級以上或FitchInc.評級A級以上之信用評等，其發行市價總額逾發行人合格自有資本淨額百分之六十者。

(二)取得中華信用評等股份有限公司BBB-級以上或英商惠譽國際信用評等股份有限公司台灣分公司BBB-（twn）級以上或穆迪信用評等股份有限公司Baa1.tw,Baa2.tw,Baa3.tw級以上或Moody'sInvestorsService評級Baal,Baa2,Baa3級以上或Standard&Poor'sCorp.評級BBB-以上或FitchInc.評級BBB-級以上之信用評等，其發行市價總額逾發行人合格自有資本淨額百分之五十者。

(三)取得中華信用評等股份有限公司BB+級以上或英商惠譽國際信用評等股份有限公司台灣分公司BB+（twn）級以上或穆迪信用評等股份有限公司Ba1.tw級以上或Moody'sInvestorsService評級Ba1級以上或Standard&Poor'sCorp.評級BB+級以上或FitchInc.評級BB+級以上之信用評等，其發行市價總額逾發行人合格自有資本淨額百分之三十者。

(四)取得中華信用評等股份有限公司BB級以上或英商惠譽國際信用評等股份有限公司台灣分公司BB（twn）級以上或穆迪信用評等股份有限公司Ba2.tw級以上或Moody'sInvestorsService評級Ba2級以上或Standard&Poor'sCorp.評級BB級以上或Fit-chInc.評級BB級以上之信用評等，其發行市價總額逾發行人合格自有資本淨額百分之二十者。

(五)取得中華信用評等股份有限公司BB-級以上或英商惠譽國際信用評等股份有限公司台灣分公司BB-（twn）級以上或穆迪信用評等股份有限公司Ba3.tw級以上或Moody'sInvestorsService評級Ba3級以上或Standard&Poor'sCorp.評級BB-級以上或FitchInc.評級BB-級以上之信用評等，其發行市價總額逾發行人合格自有資本淨額百分之十者。前揭合格自有資本淨額適用「證券商管理規則」中所計算之合格自有資本淨額內容及本國發行人。

發行人如為外國機構，前揭合格自有資本淨額以其

在中華民國境內分支機構或其持股百分之百之子公司在中華民國境內設立之分支機構最近期財務報告淨值×可動用資金淨額倍數計算之。

七、發行人為外國機構者，申請發行認購（售）權證時，其因避險所需匯入國內之淨金額（即匯入之金額扣除非因本次避險所需之金額），小於所發行（含本次）未到期之上市及上櫃認購（售）權證所表彰標的證券市值者；另未出具該次發行權證收取之權利金俟權證到期後始匯出國內之承諾書之證明。

八、申請日前三個月標的證券股價異常變動，並經本公司依監視制度辦法予以處置者。

九、其他因事業特性或特殊情形，可認對申請人之履約能力或標的證券價格有不利影響者。

十、有本準則第八條各款規定之情事者。

第13條　發行人取得本公司同意上市文件之認購（售）權證上市案，應與本公司簽訂認購（售）權證上市契約，並於報經主管機關核准後，公告其上市。

前項契約於主管機關核准後，有下列各款情事者，得於報經主管機關核准後，撤銷該項契約：

一、上市買賣前經主管機關發現或經本公司函報有第八條各款所訂情事之一者。

二、發行人自行申請者。

前項已發行之認購（售）權證，發行人應於接獲本公司同意撤銷上市契約通知之日起十日內，加計法定利息返還價

款。

第四章　認購（售）權證之避險期後事項

第14條　發行人應於初次發行認購（售）權證時向本公司申請設立
　　　　專戶，發行人如為自行避險或部分自行避險，該專戶應作
　　　　為發行認購（售）權證之後建立避險部位及將來投資人要
　　　　求履約時提供作為履約專戶之用。發行人如全數委託其他
　　　　機構避險，該專戶則作為將來投資人要求履約時提供作為
　　　　履約專戶之用，另其委託之風險管理機構亦須於發行人處
　　　　開設專戶，作為其發行認購（售）權證之後建立避險部位
　　　　之用。

　　　　前項發行人專戶一律設於自營商帳號下，惟外國發行人係
　　　　透過直接或間接持股百分之百之子公司在中華民國境內設
　　　　立分支機構提出申請者，該外國發行人應於該分支機構證
　　　　券經紀商部門設立避險專戶；風險管理機構於發行人處開
　　　　設之避險專戶，應設於證券經紀商部門。上開專戶帳號一
　　　　律為八八八八八八–八，均須先向本公司申報，並只得買
　　　　賣經本公司公告之避險金融工具及發行人自行發行之認購
　　　　（售）權證，另於認購（售）權證避險專戶內之有價證券
　　　　一律不得辦理質押。

第15條　風險管理機構屬外國機構且同時擔任多家發行人之認購
　　　　（售）權證風險管理機構者，該機構於發行人申請認購
　　　　（售）權證上市審查時，須出具已登記投資國內證券市場
　　　　之相關證明文件。

第16條　　發行人因避險所採之金融工具種類及相關限制，由本公司
　　　　　另行公告之。

第16-1條　發行人發行認售權證所採之避險方式，得以其所發行同一
　　　　　標的證券認購權證之避險部位抵用、向標的證券持有者借
　　　　　券賣出有價證券、在集中交易市場融券賣出標的證券或依
　　　　　本公司營業細則第八十二條之二所為之借券賣出標的證券
　　　　　等方式擇一或合併為之。

　　　　　發行人採向標的證券持有者借券賣出有價證券方式避險
　　　　　者，雙方應依「證券商管理規則」第三十二條之一第二項
　　　　　規定訂定出借契約後，由出借人透過往來證券商向台灣證
　　　　　券集中保管股份有限公司就其出借股數申請全數匯撥至發
　　　　　行人之避險專戶，或先辦理圈存，嗣後發行人再依其避險
　　　　　需求分批申請匯撥至避險專戶。

　　　　　發行人採融券賣出標的證券方式避險者，應於他證券商或
　　　　　非屬關係企業之證券金融公司開立信用交易帳戶，並將該
　　　　　等帳戶資料函報本公司。前揭信用交易帳戶之開立，並應
　　　　　依「證券商辦理有價證券買賣融資融券業務操作辦法」、
　　　　　「證券商辦理有價證券買賣融資融券業務信用交易帳戶開
　　　　　立條件」、各證券金融公司「融資融券業務操作辦法」及
　　　　　「信用交易帳戶開立條件」之相關規定辦理。

　　　　　發行人應於借券或融券賣出有價證券後三日內，依規定申
　　　　　請發行認售權證，未依限期提出申請、未依期限完成發行
　　　　　或認售權證到期者，應於最後期限日或到期日之次一營業
　　　　　日前結清未了結部位。

第一項所稱標的證券持有者，不得為證券交易法第二十二條之二第一、三項所規範之對象。

第17條　發行人自營部門之自行買賣及就所發行認購（售）權證之避險買賣，不得有影響市場價格公平性及損及投資人權益之情事，並應配合訂定及執行有效之內部控制制度。

發行人應於每月五日前，將前月份其自營部門自行買進賣出所發行權證之標的證券相關資料（含交易日期、標的證券名稱及數量等）函報本公司。

發行人如係採委外避險者，其受委託之風險管理機構，或發行人為外國機構者，其在中華民國境內之分支機構或直接或間接持股百分之百之子公司在中華民國境內設立之分支機構所屬之自營部門，準用前二項之規定。

認購（售）權證存續期間內，發行人自營部門與避險專戶部位之同一標的證券，除另有規定之情形外，不得辦理相互轉撥。

前四項所稱自營部門，包含相當於自營部門之單位或買賣帳戶。

第18條　發行人應於權證上市存續期間逐日上網申報權證之預計避險部位與實際避險部位等資訊，發行人採委外避險者，仍應依規定申報風險管理機構之避險資訊。

發行人申報之預計避險部位與實際避險部位連續三個營業日，或最近六個營業日內有三個營業日差異逾正負百分之二十時，本公司應即要求發行人說明原因並得進行實地瞭解，如發現其說明顯欠合理時，得予計點乙次，計點累計

達三次者，限制其未來一個月內不得申請發行權證。若差異逾正負百分之五十者，本公司得強制發行人執行避險沖銷策略。

發行人為外國機構者，依第一項申報之避險部位，如實際避險部位小於預計避險部位時，應於避險專戶中補足上開差異部位表彰標的證券市值之金額。

第19條　（刪除）。

第五章　違規處理

第20條　發行人向本公司申請認購（售）權證發行前，除有第十條第六款第十七目之情事外，曾主動發布或洩露申請發行訊息者，本公司得限制其於未來三個月內不得再次提出申請。

發行人申請前一周內，媒體曾具體揭露該發行之標的證券相關訊息者，本公司不予同意該權證申請發行上市。

有關認購（售）權證發行人資格申請、權證之申請發行或權證存續期間暨期後之相關事項，發行人或受委託之風險管理機構就應申報、公告、揭露之事項如有缺失者，本公司得函請發行人改善，情節嚴重者並得限制其未來一個月內不得申請發行權證。

第21條　發行人有第十三條第二項情事者，本公司得限制其於未來一個月內不得再次提出申請發行認購（售）權證。

第22條　發行人向本公司申請認購（售）權證發行後，發布或引用標的證券未經證實之相關資訊，以作為對其申請事項之宣

傳者，本公司得不予同意該權證申請發行上市，並得限制
其於未來一個內不得再次提出申請。

第23條　發行人有違反第十六條之一第四項或第十七條第一項規定
情事者，本公司得限制其於未來三個月內不得再次提出申
請發行認購（售）權證。

第六章　附則

第24條　本準則經報請主管機關核定後施行，修正時亦同。

三
台灣證券交易所股份有限公司認購（售）權證買賣辦法

民國95年01月20日修正

第1條　本辦法依本公司營業細則第五十五條規定訂定之。

第2條　凡發行人依「發行人申請發行認購（售）權證處理準則」
規定發行之認購（售）權證，經本公司同意上市者，應在
本公司集中交易市場買賣，並一律委託證券集中保管事業
辦理帳簿劃撥，且委託人不得申請領回認購（售）權證。

第3條　認購（售）權證之買賣依本辦法之規定，本辦法未規定
者，適用其他相關法令或本公司章則有關規定辦理。

第4條　委託人初次買賣認購（售）權證時，應簽具風險預告書，
證券經紀商始得接受其委託。

前項風險預告書應行記載事項，由本公司另訂之。

第4-1條　認購（售）權證之標的證券，其法令訂有華僑及外國人投資比例上限者，華僑及外國人投資於該標的證券之認購（售）權證，限以現金結算型為之；組合式認購（售）權證如含有上開法令限制上限之標的證券者，亦同。

第5條　認購（售）權證申報買賣之數量，必須為一交易單位或其整倍數。認購（售）權證以一千認購（售）權證單位為一交易單位。

第6條　認購（售）權證買賣申報價格，以一認購（售）權證單位為準，其升降單位如下：

認購（售）權證每單位市價未滿五元者為一分，五元至未滿十元者為五分，十元至未滿五十元者為一角，五十元至未滿一百元者為五角，一百元至未滿五百元者為一元，五百元以上者為五元。

第7條　認購（售）權證每日之升降幅度，依其種類按下列方式計算之。

一、個股及以台灣五十指數股票型基金為標的之認購（售）權證，按下列公式計算。

(一)認購權證漲停價格＝前一日收盤價格＋（標的證券當日漲停價格–標的證券當日開盤競價基準）×行使比例跌停價格＝前一日收盤價格–（標的證券當日開盤競價基準–標的證券當日跌停價格）×行使比例

(二)認售權證漲停價格＝前一日收盤價格＋（標的證券

當日開盤競價基準–標的證券當日跌停價格）×行使比例跌停價格＝前一日收盤價格–（標的證券當日漲停價格–標的證券當日開盤競價基準）×行使比例

二、證券組合之認購（售）權證，則以其組合中各證券分別計算「（標的證券當日漲停價格–標的證券當日開盤競價基準）×組合內各標的證券行使比例之合計」及「（標的證券當日開盤競價基準–標的證券當日跌停價格）×組合內各標的證券行使比例之合計」，取其最大者，比照前款公式計算漲跌停價格。

前項所稱之前一日收盤價格，依下列順序決定之。

一、前一日之最後一次成交價格。

二、如前一日無收盤價格，但有最高買進申報價格或最低賣出申報價格達漲跌停時，得以該漲停買進申報或跌停賣出申報價格計算之。

三、最近一次成交價格。

四、若為初次上市之認購（售）權證則採初次上市參考價格，初次上市參考價格依下列公式計算之。

(一)認購權證初次上市參考價格＝認購權證發行價格×（認購權證上市日標的證券當日開盤競價基準÷認購權證發行日標的證券當日開盤競價基準）×（認購權證上市日行使比例÷認購權證發行日行使比例）。

(二)認售權證初次上市參考價格＝認售權證發行價格×

　　（認售權證發行日標的證券當日開盤競價基準÷認售權證上市日標的證券當日開盤競價基準）×（認售權證發行日行使比例÷認售權證上市日行使比例）。

第一、二項所稱之標的證券當日開盤競價基準依下列狀況決定之：

一、如非除息或除權交易開始日，以標的證券之前一日收盤價格為準。

二、如為除息交易開始日，以標的證券前一日收盤價格減除股息及紅利金額後為計算基準。

三、如為除權交易開始日，依下列狀況決定之。

　　(一)遇上市公司盈餘及資本公積轉增資時（含員工紅利轉增資），以標的證券前一日收盤價格減除權利價值後為計算基準。

　　(二)遇上市公司現金增資發行新股時，以標的證券前一日收盤價格為計算基準。

　　(三)遇上市公司同時辦理盈餘、資本公積轉增資（含員工紅利轉增資）及現金增資發行新股時，以標的證券前一日收盤價格減除盈餘、資本公積轉增資（含員工紅利轉增資）權利價值後為計算基準。

前項所稱標的證券前一日收盤價格依本公司營業細則第五十八條之三規定定之。

第一項漲跌停價格之計算均以正數為準，如有負數，一律依第六條最小升降單位為準。

第8條　　買賣申報以限價申報為之。

第8-1條　證券商對投資人買賣認購（售）權證單筆委託數量達一百交易單位（含）之客戶，應確切評估客戶之投資能力，客戶之委託未逾其投資能力者，買進認購（售）權證，至少應收取相當買進金額百分之三十之價款，賣出認購（售）權證，則應將權證予以圈存，但客戶有逾越其投資能力之委託者，應收取足額委託買進金額，委託賣出認購（售）權證，則應將權證全數予以圈存。

　　　　　發行人採委外避險者，風險管理機構於發行人處所開設之避險專戶買賣認購（售）權證，不受前項規定之限制。

第9條　　撮合成交時，買賣申報之優先順序依下列原則決定：

　　　　一、較高買進申報優先於較低買進申報，較低賣出申報優先於較高賣出申報。

　　　　二、同價位之申報，依輸入時序決定優先順序，但開市前輸入之同價位申報，依電腦隨機排列方式決定優先順序。

第10條　　認購（售）權證買賣申報之競價方式，一律為集合競價，其成交價格依下列原則決定：

　　　　一、高於決定價格之買進申報與低於決定價格之賣出申報需全部滿足。

　　　　二、與決定價格相同之一方需全部滿足。

　　　　合乎前項原則之價位有二個以上時，採接近當市最近一次成交價格之價位，如當市尚無成交價格者，採接近第七條所訂前一日收盤價格之價位。

認購（售）權證買賣申報之撮合成交，不適用本公司營業細則第五十八條之三第三項規定。

第11條　認購（售）權證買賣申報價格與數量之揭示，準用本公司營業細則第五十八條第五項規定。

第12條　認購（售）權證之結算交割作業，準用本公司營業細則有關規定。

第13條　證券商受託買賣認購（售）權證，向委託人收取之手續費，以及本公司向證券商收取之經手費，準用上市股票有關規定。

第14條　委託人欲行使權利請求履約時，應經由其委任證券商向本公司提出申請，本公司接受證券商委託，代向發行人要求履約，或以現金結算之認購（售）權證屆期經本公司計算，認具履約價值而通知證券商代為辦理者，比照前條規定收費，且不論係以證券給付或現金結算，均以「認購（售）權證履約價格×標的證券數量」認定之。

認購（售）權證發行人自集中交易市場買回所發行之權證時，應將其悉數轉撥至事前函報本公司之有價證券集中保管帳戶內，對該帳戶內之認購（售）權證，本公司不代為請求履約。

第一項所稱具履約價值，係以認購（售）權證所列之標的證券履約價格，與認購（售）權證屆期依本公司認購（售）權證上市審查準則第十條第六款第十五目規定計算之結算價格相較，尚有盈餘者。

第15條　除發行條件另有約定者外，委託人行使權利請求履約之認

購權證，其履約給付方式為「證券給付，惟發行人得選擇
以現金結算」者，如同一營業日發行人以部分證券給付、
部分現金結算方式履約時，以證券商向本公司提出請求履
約之時序較優先者，先行採證券給付方式。

第16條　本辦法經報請主管機關核定後，公告施行，修正時亦同。

四
台灣證券交易所股份有限公司辦理認購（售）權證履約應注意事項

民國93年06月02日修正

第1條　認購（售）權證持有人及其委任證券商辦理履約應注意事
項。

　　一、持有人應於買入認購（售）權證日後第二營業日，且
　　　　經確認該認購（售）權證已轉入有價證券集中保管帳
　　　　戶後，始能請求履約。

　　二、有關認購（售）權證履約相關事宜，本公司已委由集
　　　　保公司辦理，集保公司接受證券商輸入申請履約截止
　　　　時間為下午二時三十分。

　　三、持有人應先填具「認購（售）權證履約申請委託
　　　　書」，證券經紀商始得憑其委託代辦認購（售）權證
　　　　履約相關事宜。

　　四、持有人請求履約之認售權證，其履約給付方式如屬

「證券給付，惟持有人得選擇以現金結算」者，持有人應於請求履約當時指定履約給付方式。

五、持有人請求履約之認購（售）權證，其履約給付方式可分為以下三種：

(一)證券給付。

(二)現金結算。

(三)證券給付，惟發行證券商（持有人）得選擇現金結算。

前揭履約給付方式除現金結算外，權證到期具履約價值時，如持有人未及時申請履約，發行人得採「到期價內自動現金結算」方式，以權證到期日標的證券之收盤價自動現金結算。持有人請求履約之認購（售）權證，其履約給付方式如屬以下三者之一，證券商需向持有人預收履約所需支付款券。

(一)「證券給付」之認購（售）權證。

(二)「證券給付，惟發行人得選擇現金結算」之認購權證。

(三)「證券給付，惟持有人得選擇現金結算」之認售權證，且持有人已指定採「證券給付」。

但履約給付方式為「證券給付，惟發行人得選擇現金結算」之認購權證（即前開第二項），如發行人選擇以「現金結算」，或該持有人分配以「現金結算」，證券商應於持有人請求履約日後第一營業日退還預收之款項。

屬上限型認購權證或下限型認售權證者，遇標的證券收盤價格達到上（下）限價格時，當日視同該權證最後交易日，並於次二營業日到期，一律按該權證最後交易日標的證券收盤價格採自動現金結算方式辦理給付。

六、證券商對不同持有人及不同權證履約之款項應分別辦理收付作業，即證券商收取持有人預繳之款項後，應存入往來銀行權證履約款項代收付專戶（非交割專戶），俟持有人請求履約日後第二營業日與本公司完成款券收付後，始撥付持有人應收之款項。

證券商與本公司間有關持有人履約款項，以應收應付相抵後之金額辦理收付，但證券商同時為發行人之委任證券商者，其代發行人與本公司辦理收付之款項，與其持有人履約之款項，應分別與本公司辦理收付，不得相抵。

持有人與證券商間，以及證券商與本公司間有關權證履約之款項，均不得與集中交易市場有價證券買賣之交割代價互抵。

七、認購（售）權證持有人之委任證券商應於請求履約當日下午三時三十分前，透過集保公司電腦連線查詢列印當日認購（售）權證持有人請求履約總數量之彙總表，辦理結帳，並於次一營業日將該彙總表簽蓋原留印鑑送交集保公司。

八、履約給付方式為「現金結算」之認購（售）權證屆

期，本公司計算具履約價值之基準如下：

(一)認購權證

（結算價格–履約價格）×標的證券數量–結算價格×標的證券數量×證券交易稅率↓計算結果大於零者，即具履約價值。

(二)認售權證

（履約價格–結算價格）×標的證券數量–履約價格×標的證券數量×證券交易稅率↓計算結果大於零者，即具履約價值。

證券交易稅率之計算應按證券交易稅條例所定之稅率課徵之。前開計算具履約價值之基準應配合事項如下：

(一)計算具履約價值之基準不扣除證券商收取之履約手續費，故遇持有人之所得履約應收款項扣減交易稅後之金額少於依本公司認購（售）權證買賣辦法第十四條規定所計算之履約手續費時，證券商收取之履約手續費不得高於投資人所得履約應收款項。

(二)集保公司於接受證券商申請「履約給付方式為『現金結算』之認購（售）權證」之請求履約後，將依計算具履約價值之基準檢核，當證券商請求履約之認購（售）權證依前開公式計算不具履約價值時，將予以沖正。

九、認購（售）權證持有人請求履約，或本公司代辦自動履約，均透過「與本公司訂立使用市場契約之證券

　商」辦理，如持有人之認購（售）權證帳載餘額記載
　於「非與本公司訂立使用市場契約之集保公司參加
　人」處開設之有價證券集中保管帳戶時，應將認購
　（售）權證匯撥至「與本公司訂立使用市場契約之證
　券商」處開設之有價證券集中保管帳戶，方能請求履
　約，或參與自動履約。

十、認購（售）權證持有人請求履約之數量，必須為一交
　　易單位或其整倍數。

第2條　認購（售）權證發行人及其委任證券商辦理履約應注意事
　　　項：

一、認購（售）權證發行人委任證券商應於下午三時三十
　　分前，透過集保公司電腦連線查詢列印當日認購
　　（售）權證持有人請求履約總數量及發行人申請註銷
　　數量之彙總表，立即通知發行人；並於次一營業日將
　　申請註銷數量總表簽蓋原留印鑑送交集保公司。

二、履約給付方式為「證券給付，惟發行人得選擇以現金
　　結算」之認購權證發行人委任證券商需依發行人之通
　　知，於持有人請求履約當日下午四時三十分前，透過
　　集保公司電腦連線系統輸入發行人欲採「現金結算」
　　數量，逾時則一律視為採「證券給付」方式進行履約
　　給付。

三、認購（售）權證發行人應依本公司認購（售）權證買
　　賣辦法第十四條規定，於申請上市前向本公司申報一
　　有價證券集中保管帳戶，除該帳戶內之認購（售）權

證本公司不代辦請求履約外，本公司得憑該帳戶辦理履約給付證券轉撥及註銷相關帳簿劃撥事宜。

索　引

■■ 英文字母

■■ 一字劃

■■ 二字劃

■■ 三字劃

■■ 四字劃

次級市場　54, 58, 65, 122, 127, 133, 152

死亡交叉　95, 160-162

自動執行　118-119

行使比例　2, 6, 8, 16, 24-26, 37, 49, 60-61, 63, 65-66, 75, 103, 120-121,
　　　　 126-127, 133-139, 149-150, 154, 187, 204-206

行為守則　144

▓▓ 七字劃

均價均量變盤點操盤法　162-163

均線共振　162-163

希望價值　38

快到期的權證　151

快慢速均線交叉操盤法　160

技術指標　168

投資價值　38, 98, 101, 104-105, 116, 146, 148

攻擊K線　90

每單位發行價格　22

每單位履約價格　23

股權　105, 121, 128, 133, 134

初級市場　23, 54, 127

折價　218

▓▓ 八字劃

到期日　4, 8, 12, 20-21, 25, 28, 30, 39-42, 47, 54, 56, 104, 119, 120, 123,

■■ 十一字劃

▓▓十二字劃

■■ 十三字劃

■■ 十五字劃

■■ 二十二字劃

家圖書館出版品預行編目資料

購權證　神準精通／林清茂著.--二版--.--

北市：五南，2009.11

面；　公分.

N 978-986-121-536-5（平裝）

認購權證

.5　　　　　　　98017335

3GA2

認購權證　神準精通

作　　　者 ― 林清茂(131.3)

發 行 人 ― 楊榮川

總 經 理 ― 楊士清

主　　 編 ― 侯家嵐

責任編輯 ― 吳靜芳　余欣怡

封面設計 ― 陳卿瑋

出 版 者 ― 五南圖書出版股份有限公司

地　　　址：106台北市大安區和平東路二段339號4樓

電　　　話：(02)2705-5066　傳　　真：(02)2706-6100

網　　　址：http://www.wunan.com.tw

電子郵件：wunan@wunan.com.tw

劃撥帳號：01068953

戶　　名：五南圖書出版股份有限公司

法律顧問　林勝安律師事務所　林勝安律師

出版日期　2007年 4 月初版一刷

　　　　　2009年 11 月二版一刷

　　　　　2017年 9 月二版五刷

定　　價　新臺幣350元